POUR LE MEILLEUR ET POUR LE PIRE

Trente ans de relations
patronales-gouvernementales au Québec
(1969 – 1998)

vus par
Ghislain Dufour

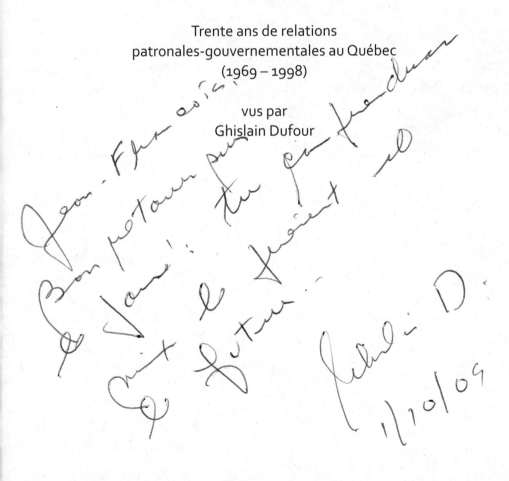

LES ÉDITIONS LES MALINS INC.

info@les malins.ca

Éditeur : Marc-André Audet

Dépôt légal - Bibliothèque et Archives nationales du Québec, 2009
Dépôt légal - Bibliothèque et Archives Canada, 2009

ISBN : 978-2-89657-059-1

Imprimé au Canada

LES ÉDITIONS LES MALINS
5372, 3e Avenue
Montréal, Québec
H1Y 2W5

Révision et correction : Sylvie Martin
Conception de la couverture : Energik communication
Mise en pages et conception graphique : Marie-Ève Poirier

Du même auteur :
Ghislain Dufour témoigne des 30 ans du CPQ, Montréal, Les Éditions Transcontinental, 2000. ISBN 2-89472-135-8.

Coordination :
Le cabinet de relations publiques NATIONAL, 25 ans de pratique des relations publiques au Canada, Montréal, Éditions AGMV-Marquis (membre de Scabrini Media inc.), 2002. ISBN 2-9807580-0-0.

Collectifs :
La représentation : miroir ou mirage de la démocratie au travail?
AUDET, Michel, et autres, département des relations industrielles de l'Université Laval, Sainte-Foy, Les Presses de l'Université Laval, 1994. ISBN 2-7637-7400-8.

Vingt-cinq ans de pratique en relations industrielles au Québec, sous la direction de Rodrigue BLOUIN, La Corporation professionnelle des conseillers en relations industrielles du Québec, Cowansville, Les Éditions Yvon Blais inc., 1990. ISBN 2-89073-715-2

Préface de Luc Beauregard

À mes petits-enfants Mathieu, Marc-André, Simon, Alexandre, Gabrielle, Maxime et Félix, en leur souhaitant d'avoir de l'intérêt, beaucoup d'intérêt pour la chose publique.

«On ne peut être tué qu'une seule fois au combat, mais plusieurs fois en politique.»

CHURCHILL, Winston
La Presse, le 26 novembre 2008

«Je ne serai pas toujours d'accord avec vos propos, mais je défendrai toujours votre droit de les exprimer.»

VOLTAIRE

TABLE DES MATIÈRES

PRÉFACE

Le projet de Ghislain Dufour était de faire état des dossiers et des points de vue défendus par le Conseil du patronat du Québec (CPQ) dans ses relations avec les gouvernements qui se sont succédé à Québec de 1969 à la mi-juin 1998. En prime, le projet de M. Dufour était de nous faire part de la qualité des relations du patronat avec les hommes et les femmes politiques de cette période, émaillant son récit d'incidents et de faits cocasses souvent révélateurs du caractère de ces membres de la classe politique.

Le résultat va bien au-delà du projet initial. Car les tribulations de Ghislain Dufour nous amènent au cœur des enjeux qui ont fait l'objet des débats publics au Québec pendant ces trente années. On se retrouve devant une immense mosaïque, chaque élément rapporté de façon concise venant s'imbriquer dans ce qui apparaît finalement comme une vaste fresque de l'histoire du Québec pendant ces trois décennies.

C'est un projet colossal, que seul un Ghislain Dufour pouvait entreprendre et qui vient s'ajouter à son histoire du CPQ déjà publiée en l'an 2000.

Dans ce livre, Ghislain Dufour se révèle comme l'homme qu'il a toujours été dans les débats publics. C'est un acteur dont les positions sont à la fois modérées, mais fermes et constantes, parce qu'elles résultent d'un souci de consultation et de recherche. Il mobilise des légions d'avocats et de consultants bénévoles pour analyser les enjeux et asseoir ses positions sur du solide. Les structures du CPQ lui permettent d'être en lien avec tous les secteurs industriels et avec les chefs d'entreprise. Et il sonde l'opinion publique constamment, soit par le truchement de sondages maison, soit par des sondages scientifiques d'opinion publique.

Alors qu'on sait à quel point le Québec s'est doté de programmes sociaux chromés, qui grèvent les budgets, alourdissent la dette publique et repoussent les entreprises et les investisseurs, quelle tournure encore plus accablante aurait pris notre législation sans l'aiguillage constant de Ghislain Dufour, souvent la seule voix pour faire contrepoids aux sirènes socialisantes qui médusent les gouvernements?

Ghislain Dufour est un travailleur acharné, méthodique, discipliné. Je puis en témoigner puisqu'il occupe un bureau voisin du mien depuis qu'il a quitté la présidence du CPQ, il y a bientôt douze ans. Cette grande capacité de travail donnait parfois l'impression que le CPQ était une grosse machine, en réalité, l'équipe se composait d'une douzaine de personnes.

Mémoires, communiqués, conférences de presse impromptu, interviews, analyses et commentaires dans les médias, colloques, présentations aux commissions d'enquête ou aux commissions parlementaires, la somme de travail abattue par Ghislain Dufour était remarquable. Pas étonnant que le CPQ ait du mal à lui trouver un successeur durable.

C'est son talent pour organiser son travail et sa documentation qui a permis à Ghislain Dufour de faire cette œuvre de bénédictin et de compléter ce projet. Ceux qui se laisseront entraîner dans les sentiers qu'il nous fait revisiter, seront ravis de revivre cette époque marquée par de grands événements de notre histoire, dont trois référendums. Les générations à venir y trouveront un récit documenté et des repères fiables pour ces trente années d'histoire du Québec.

Luc Beauregard

Pour le meilleur et pour le pire

AVANT-PROPOS

Combien de fois, du temps où j'étais au Conseil du patronat du Québec (CPQ), et bien souvent après, me suis-je fait demander comment se vivaient les relations entre le CPQ et les divers gouvernements que j'ai connus?

«Ce devait être la guerre perpétuelle entre le CPQ et les gouvernements péquistes, incluant M. Lévesque», m'ont dit certains. «Ce devait être l'amour fou avec les divers gouvernements libéraux, incluant M. Bourassa lui-même», ont affirmé d'autres.

Vrai et faux, ai-je toujours répondu. En effet, nous avons été bien souvent d'accord avec M. Bourassa et ses quatre gouvernements, mais nous avons également connu notre lot important de désaccords. Et il est vrai que, souvent, nous avons été en désaccord avec les quatre gouvernements péquistes qui se sont succédé durant la période à laquelle nous référons, mais, plus souvent qu'on le croit, nous avons appuyé certaines orientations, certaines politiques et certains gestes posés par le Parti québécois.

Tout est question d'évaluation, dossier par dossier. Bien sûr, la question constitutionnelle a toujours été un dossier où le CPQ et les différents gouvernements péquistes n'étaient pas sur la même longueur d'onde. Vigoureusement pour le fédéralisme, le CPQ ne pouvait (et ne peut toujours pas) être partisan de l'indépendance du Québec, même assortie d'une forme quelconque d'association avec le Canada.

Mais, même si l'indépendance du Québec prônée par les péquistes ne pouvait être bienvenue au CPQ, il faut dire que ce dossier n'était pas au rendez-vous des discussions avec le gouvernement chaque matin de la semaine.

Voilà pourquoi, comme acteur de ces relations et non comme historien, pour répondre objectivement aux questions qui me sont posées au sujet des relations entre le CPQ et les gouvernements Bertrand, Bourassa, Lévesque, Johnson (Pierre Marc), Johnson (Daniel, fils), Parizeau et Bouchard, dois-je faire un survol des relations qui ont existé entre les gouvernements et le CPQ durant toutes ces années, de 1969 au 15 juin 1998. Pour le meilleur et pour le pire.

C'est ce à quoi se consacre cet essai.

Un essai qui se voudra d'ordre très général et qui ne fera pas mention des amitiés ou des antipathies personnelles qui ont pu se vivre au fil des années, tant avec des membres de l'opposition que ceux des partis au pouvoir, quels qu'ils soient. Un essai qui rapportera également certaines anecdotes qui ne concernent pas spécifiquement les relations entre le CPQ et les gouvernements, mais qui cependant aideront à comprendre ou à pondérer certaines évaluations.

Une chose est sûre cependant:tant le CPQ que ses dirigeants, tant le Parti libéral que le Parti québécois et leurs dirigeants, selon leurs points de vue souvent très différents sur l'avenir du Québec, ont toujours, me semble-t-il, chacun à sa manière, même si c'était parfois de façon erronée, désiré le meilleur Québec possible pour l'avenir de l'ensemble des Québécois.

C'est d'ailleurs d'une importante partie de l'histoire du Québec des trente dernières années dont il sera question dans ce livre, ne serait-ce que par l'évocation des nombreux dossiers qui ont marqué l'histoire du Québec durant toute cette période.

Septembre 2009

Pour le meilleur et pour le pire

REMERCIEMENTS

Je voudrais remercier tous ceux qui ont participé, chacun à sa manière, à la production de cet essai.

Et ils sont nombreux, à commencer par ceux auprès de qui j'ai fait les multiples vérifications nécessaires pour m'assurer que l'information retenue était correcte. Ce fut le cas notamment de M. Ronald Poupart qui a dédié toute sa carrière à la vie politique, ainsi que de M. Réal Mireault qui, pour sa part, a consacré sa carrière presque exclusivement à l'administration publique.

Je me dois cependant de remercier de façon plus particulière un certain nombre de personnes qui ont plus directement participé au façonnement de cet essai.

Merci d'abord à M. Michel Kelly-Gagnon, président du Conseil du patronat du Québec au moment du démarrage de la rédaction de cet ouvrage, qui m'a donné carte blanche pour la rédaction de son contenu, étant entendu qu'il n'engage que son auteur.

Merci à Mme Rita Lefebvre, également du CPQ, qui a su me retrouver certains documents que je n'avais malheureusement plus.

Des remerciements particuliers aux lecteurs de mon manuscrit (dont je n'ai cependant pas toujours suivi les sages conseils) : à M. Luc Beauregard, président exécutif du conseil de Groupe conseil RES PUBLICA, qui a également accepté de préfacer cet essai; à M. Robert Lupien, vice-président, Affaires publiques chez Cohn & Wolfe | Montréal, ainsi qu'à Mme Denise Pilon-Dufour, mon épouse.

Remerciements à mon éditeur les Éditions Les Malins, ainsi qu'à Mme Suzanne Dubois, mon adjointe et secrétaire tout au cours de la rédaction.

Merci à la firme Groupe conseil RES PUBLICA et, plus particulièrement, à son président exécutif du conseil, M. Luc Beauregard, ainsi qu'à son président et chef de la direction, M. Jean-Pierre Vasseur, pour l'aide qu'ils m'ont apportée en mettant à ma disposition, entre autres, un bureau, une secrétaire et les services de secrétariat appropriés.

Merci finalement à M. Serge Paquette, l'associé directeur du Cabinet de relations publiques NATIONAL à Montréal, pour son soutien constant.

Sans la collaboration et la participation de tous ces gens, une telle rétrospective n'aurait pas été possible.

Ghislain Dufour
Septembre 2009

Introduction

Cet essai ne prétend pas relater l'ensemble des hauts et des bas des relations du patronat avec les onze gouvernements qui se sont succédé entre 1969 et 1998, même si le Conseil du patronat du Québec (CPQ) représentait durant cette période la quasi-totalité des associations patronales (horizontales et sectorielles) ainsi que la majorité des grandes entreprises du Québec.

D'autres acteurs patronaux ou d'affaires avaient également d'importantes relations avec les divers gouvernements dont nous parlerons. Mentionnons simplement la Fédération des chambres de commerce du Québec, les Manufacturiers et Exportateurs du Québec (MEQ), la Fédération canadienne de l'entreprise indépendante, la Chambre de commerce du Montréal métropolitain (CCMM), The Montreal Board of Trade (maintenant fusionné à la Chambre), des associations sectorielles plus ou moins importantes, autant d'organisations patronales ou d'affaires qui ont également entretenu (et entretiennent toujours) d'importantes relations avec les gouvernements. C'est le politologue québécois Dominique Boivin qui écrivait d'ailleurs : «Le lobbying n'est pas l'apanage d'un groupe en particulier. L'intervention gouvernementale accrue suscite logiquement une réponse plus ''articulée'' des

groupes de pression, et la qualité du dialogue social s'en trouve amé-
liorée d'autant[*]».

Et c'est tant mieux qu'il y ait ce contrepoids patronal quand on voit la
pléthore de syndicats de toutes sortes qui font du lobbying auprès des
gouvernements tous les jours.

Je ne connais pas assez les autres organisations mentionnées ci-dessus
pour parler de ce qu'ont été qualitativement et quantitativement leurs
relations gouvernementales. Mais je connais bien celles du CPQ, pour
les avoir «vécues» à plein temps de 1969 jusqu'au 15 juin 1998, alors
que je laisserai la présidence du CPQ.

Ce que je relaterai dans ce livre, ce seront les principaux dossiers
débattus, les pires et les meilleurs moments vécus, etc., pour conclure
de la qualité de nos relations. Pour mémoire, j'ai fait, en annexe, un bref
survol de l'histoire du CPQ de 1969 à 1998, accompagné, en parallèle,
d'un bref survol de la vie politique provinciale québécoise pour la même
période.

MM. Jean-Jacques Bertrand, Robert Bourassa (pour quatre mandats),
René Lévesque (pour deux mandats), Pierre Marc Johnson, Jacques
Parizeau, Daniel Johnson (fils), Lucien Bouchard, autant de premiers
ministres avec lesquels le CPQ a transigé, pour le meilleur et pour le
pire, durant toutes ces années.

Au-delà des chefs de partis et des premiers ministres, il y a par ailleurs
toute une série d'actions, d'énoncés de politiques, d'orientations, qui
sont portés par les membres du Conseil des ministres, par les chefs de
cabinet ou par de simples députés, et qui façonnent également les
relations entre le patronat et les gouvernements. La loi 1, devenue plus
tard la loi 101, de M. Camille Laurin, sur le statut de langue officielle
pour le français au Québec, en est une claire illustration. On en a plus

---

[*] BOIVIN, Dominique. *Le lobbying ou le pouvoir des groupes de pression*, Québec,
Éditions du Méridien, 1984.

parlé comme de la loi du Dr. Laurin plutôt que de la loi du gouvernement Lévesque. Même que M. Michel David, chroniqueur, a déjà écrit que «tout ce que M. Lévesque avait demandé au Dr. Laurin, c'était de corriger les irritants de la loi 22 du gouvernement Bourassa [...] Quand il a constaté l'ampleur du projet de son ministre, il a été décontenancé. Certes, il a fini par s'y résigner, mais il n'avait vraiment plus le choix[*]».

Et on pourrait citer des centaines d'exemples de ce genre, à partir des 3000 communiqués de presse, mémoires, conférences, articles de fond, qui ont jalonné la vie du CPQ durant l'époque étudiée. Des dossiers comme ceux de la langue française, de la souveraineté, des relations du travail, de la fiscalité ou du développement économique, reviendront plus souvent que d'autres, constituant autant de questions qui alimentent régulièrement les débats de la société québécoise.

Cet essai permettra donc de revivre certains moments de l'histoire politique et patronale québécoise.

Il s'agit bien sûr d'une analyse personnelle qui n'engage que son auteur.

Ghislain Dufour

---

[*] DAVID, Michel. *Le Devoir*, 12 juin 2008.

PRÉAMBULE

Pour mieux comprendre les relations entre le Conseil du patronat du Québec et les onze gouvernements provinciaux qui ont dirigé le Québec de 1969 au 15 juin 1998, il me semble utile de faire un bref survol de l'histoire tant du CPQ que de ces divers gouvernements pour se rappeler qui étaient les hommes et les femmes qui étaient à la tête de ces institutions durant ces trente années.

En fait, s'il n'y a eu qu'un seul CPQ, ce sont onze gouvernements différents qui se sont partagé l'histoire, pendant cette période : un de l'Union nationale, cinq du Parti libéral et cinq du Parti québécois.

Bel équilibre, dira-t-on : cinq gouvernements libéraux, cinq gouvernements péquistes. C'est vrai. Mais, répétons-le, qui sont ces hommes et ces femmes qui ont dirigé le CPQ et les gouvernements successifs durant cette période?

Afin de ne pas alourdir le texte, on retrouve donc en Annexe 1, un survol de l'histoire du CPQ de 1969 à 1998, puis en Annexe 2, un survol de la vie politique provinciale pour la même période.

En Annexe 3, un tableau synthèse identifie les principaux acteurs qui ont façonné la vie patronale et politique au cours de ces années.

CHAPITRE 1
Gouvernement de M. Jean-Jacques Bertrand, 1969-1970

20 janvier 1969 au 29 avril 1970

Les premiers mois de vie du Conseil du patronat du Québec (CPQ), né officiellement le 20 janvier 1969, furent surtout consacrés à assurer son existence.

L'achat des premiers crayons et les nombreuses entrevues aux médias afin d'expliquer les raisons de la création de la fédération patronale étaient, et de loin, prioritaires à la réalisation d'un bon programme de relations gouvernementales.

Malgré cette réalité, le CPQ dut plonger rapidement dans l'actualité politique. Le dossier de la langue française prenait, depuis quelques années déjà, beaucoup de place dans l'espace politique québécois, tout comme le dossier des relations patronales-syndicales.

Dès le 27 mars 1969, donc deux mois à peine après sa création, le CPQ critique, tout comme le gouvernement, la manifestation «anti-McGill» organisée par certains éléments anti-anglophones qui ne veulent rien de moins que l'Université McGill devienne francophone !

Mais l'appui du CPQ au gouvernement Bertrand se manifeste surtout par son soutien à la mise sur pied de la Commission Gendron sur la situation de la langue française et des droits linguistiques au Québec et, de façon mitigée, au projet de loi 63 : la Loi pour promouvoir la langue française au Québec.

La loi 63, rappelons-le, est loin d'avoir fait l'unanimité au Québec. Conséquence d'une crise linguistique qui sévissait depuis dix ans à la Commission scolaire de Saint-Léonard (sur l'île de Montréal), elle permet aux parents qui en font la demande d'inscrire leurs enfants à l'école anglaise, à condition qu'ils acquièrent la connaissance d'usage de la langue française. Cette disposition soulève la colère des francophones ultranationalistes qui multiplient les manifestations d'opposition. Mais le gouvernement de l'Union nationale va quand même de l'avant, avec l'appui des libéraux, et la loi 63 est sanctionnée le 28 novembre 1969. Le CPQ n'appuie toutefois pas publiquement cette loi. C'est évident que, pour l'essentiel, il est d'accord, mais «son jeune âge» ne lui permet pas encore de monter résolument au front. Il se reprendra bien plus tard, et n'hésitera pas à appuyer la mise sur pied de la Commission Gendron[1]*, déjà créée le 9 décembre 1968.

Il suggèrera d'ailleurs à cette Commission, dès le 23 octobre 1969, l'élaboration d'une politique linguistique globale comprenant les principaux éléments suivants :

- le rejet de l'unilinguisme français;
- le rejet de l'unilinguisme anglais;
- la nécessité d'en arriver à une formule de bilinguisme bilatéral, soit:

  - la reconnaissance pratique du français comme langue courante de travail;
  - l'organisation de l'enseignement des langues de telle façon que tout finissant du secondaire possède une connaissance d'usage de sa langue seconde.

*Toutes les références numériques se retrouvent à la fin du volume, à l'index descriptif des références, pour ne pas alourdir le texte.

Ces diverses propositions sont bien reçues par le premier ministre Bertrand, qui dit alors apprécier la contribution positive du patronat au débat linguistique qui durait au Québec depuis, répétons-le, une dizaine d'années déjà.

⚜︎⚜︎⚜︎

Si le dossier de la langue a accaparé une bonne partie du temps du CPQ, le dossier des relations du travail ne fut pas en reste.

Une des raisons principales de la création du CPQ était justement le besoin de bâtir au Québec un triangle formé de l'État, des syndicats et du patronat qui assumeraient, chacun dans son domaine, un certain leadership visant un meilleur équilibre des forces en présence dans la société.

Déjà, en 1964, le ministre du Travail, M. Carrier Fortin, lors d'une réforme en profondeur du Code du travail, avait suggéré une meilleure organisation du patronat pour faciliter justement la création de ce triangle.

Voilà qui était fait avec la création du CPQ en 1969. Et on doit à M. Maurice Bellemare, alors ministre du Travail sous le gouvernement de M. Jean-Jacques Bertrand (et ministre du Travail depuis 1966, sous Daniel Johnson, père), l'expression concrète de ce triangle : après avoir mis sur pied le Conseil consultatif du travail et de la main-d'œuvre (CCTM) en 1968, formé paritairement de représentants syndicaux et patronaux et présidé par un représentant gouvernemental, le ministre demande au CPQ, en 1969, d'y assurer l'entière représentation patronale.

Ce geste aura vraiment mis au monde le CPQ. Six mois à peine après sa création, le CPQ se voyait octroyer, par le gouvernement, le mandat officiel de représenter le patronat québécois au sein d'une importante instance gouvernementale (du moins à l'époque) et de conseiller le ministre du Travail en matière de relations du travail.

M. Charles Perrault, le président du CPQ, accepta d'emblée d'y représenter le patronat, en compagnie de quatre collègues patronaux.

⚜ ⚜ ⚜

En résumé, les relations du CPQ avec le gouvernement Bertrand, et notamment avec le premier ministre M. Jean-Jacques Bertrand, furent généralement très correctes et empreintes de cordialité. Il faut dire que le CPQ était peut-être déjà vu par plusieurs comme un colosse en devenir, mais les gens qui tournaient autour du Conseil à l'époque, savaient fort bien qu'il s'agissait d'un colosse aux pieds d'argile… et qu'il lui faudrait encore quelques années pour devenir une espèce de roc de Gibraltar patronal.

PLUS + + +
♦ Appui au CPQ d'un ex-secrétaire général de la CSN
Au moment où le ministre du Travail, M. Maurice Bellemare, confiait au CPQ le soin «d'organiser» la représentation patronale au sein du Conseil consultatif du travail et de la main-d'œuvre, son sous-ministre n'était nul autre que M. Robert Sauvé, ex-secrétaire général de la Confédération des syndicats nationaux (CSN)…

M. Sauvé a été un des plus grands partisans de l'arrivée en scène du CPQ (tout comme l'avaient été la Fédération des travailleurs et travailleuses du Québec (FTQ) et son président de l'époque, M. Louis Laberge) et lui a offert un appui certain dans la façon d'organiser la représentation du patronat au sein du CCTM.

Dommage cependant que M. Sauvé se soit fait à l'époque l'ardent défenseur de la négociation sectorielle(2), un régime de négociation secteur par secteur (meubles, mines, banques, etc.), au lieu d'entreprise par entreprise, projet de régime que le CPQ a combattu avec beaucoup d'énergie et qu'il continuera de combattre tant et aussi longtemps que ce dossier sera «dans le décor» des relations du travail au Québec. (À noter qu'il ne l'est heureusement plus dans le secteur privé, sauf dans le secteur de la construction où la négociation sectorielle existe depuis décembre 1968, mais avec l'accord des parties concernées [Loi sur les relations du travail, la formation professionnelle et la gestion de la main-d'œuvre dans l'industrie de la construction]).

◆ Une légende : Maurice Bellemare, ministre du Travail (jusqu'au 12 mars 1970)
L'homme était un leader-né, sûr de lui, jamais alambiqué, rassurant, mais pas condescendant, surtout pas avec les «rouges», épithète dont il affublait les libéraux.

Et il avait une façon bien à lui de résoudre non pas tous les conflits, mais certains : il «plaçait» ensemble les parties impliquées dans un différend et ne leur donnait congé que lorsqu'elles avaient trouvé un compromis! Bien sûr, il leur fournissait une personne-ressource (sous-ministre, sous-ministre adjoint ou quelqu'un d'autre) pour les aider à s'entendre. Oh! Qu'elles en ont mangé des mets chinois et du poulet toutes ces personnes qui restaient enfermées des jours et des nuits !

Une façon bien différente de régler les différends du travail de ce qui prévaut aujourd'hui...

Efficace la méthode Bellemare des années 1967-1970? Une chose est sûre : on en parle encore aujourd'hui et la «légende Bellemare» est toujours très présente chez les «vieux pros» des relations du travail!

◆ Jean Cournoyer, ministre du Travail (à compter du 12 mars 1970)
Soulignons l'arrivée de M. Jean Cournoyer au sein du Conseil des ministres de M. Jean-Jacques Bertrand. Élu sous la bannière de l'Union nationale en octobre 1969, il y cumulera les fonctions de ministre de la Fonction publique ainsi que ministre du Travail et de la Main-d'œuvre jusqu'à la défaite du gouvernement Bertrand, en avril 1970.

Préoccupé dès ses débuts surtout par les questions relatives au travail, le CPQ entretiendra alors de bonnes relations avec le ministre Cournoyer, ce qui ne sera pas nécessairement le cas lorsqu'il adhèrera plus tard au cabinet libéral de M. Robert Bourassa. Ne fut-il pas, en effet, le premier membre d'un gouvernement au Québec à proposer publiquement une loi anti-briseurs de grève[3] ? Une loi qui n'a d'ailleurs jamais reçu l'appui du CPQ ni du patronat québécois dans son ensemble.

Certes, on raconte de source « sûre » que la position de M. Cournoyer dans ce dossier lui a été dictée par le puissant président de la CSN de l'époque, M. Marcel Pépin, et par un groupe d'une quarantaine de représentants syndicaux et de travailleurs en grève. Ceux-ci auraient envahi son bureau, se seraient enfermés avec lui et son sous-ministre et auraient menacé de ne pas quitter les lieux avant qu'il n'ait pris l'engagement de se prononcer en faveur d'une loi anti-briseurs de grève. Soit! Mais qui était alors le législateur? M. Pépin ou le ministre du Travail que l'on a toujours considéré comme un homme ayant beaucoup de cran?

◆ De l'importance des chefs de cabinet

On ne le dira jamais assez : les chefs de cabinet des ministres jouent généralement un rôle de premier plan. On a parfois d'ailleurs ce mot juste pour les qualifier : «les vrais ministres». Ce sont eux qui, généralement encore, sont les premiers à discuter avec les divers intervenants, à les interroger, à évaluer les dossiers et même, le cas échéant, à faire les suivis, bien avant l'intervention des ministres occupés par une foule d'autres questions.

Je pourrais ici rendre hommage à presque tous ceux qui, sous les divers gouvernements successifs, ont collaboré avec le CPQ dans le traitement d'une multiplicité de dossiers.

Qu'il me suffise cependant de rappeler, en Annexe 4, le nom des chefs de cabinet qui ont accompagné les premiers ministres dont nous parlons dans cet essai. Que de services ils nous ont rendus ! Malgré la divergence de nos idées, faut-il cependant ajouter, on réussissait généralement à faire bon ménage. Une fois tu gagnes, une fois tu perds : ce qu'il faut regarder, c'est le bilan de fin d'année et l'importance des dossiers.

CHAPITRE 2
Gouvernement de M. Robert Bourassa, 1970-1973, 1er mandat

29 avril 1970 au 29 octobre 1973

Les relations entre le premier gouvernement de M. Robert Bourassa et le CPQ furent généralement cordiales, respectueuses et positives, notamment avec le premier ministre Bourassa lui-même. Bien sûr, et nous y reviendrons, tout ne fut pas toujours au beau fixe. Mais peut-il en être autrement lorsqu'il s'agit d'une part, d'un gouvernement responsable de gérer l'intérêt de tous les citoyens et d'autre part, d'un groupe défendant des intérêts bien précis, dans ce cas-ci, ceux des gens d'affaires?

Divisons en deux groupes les principaux dossiers (on ne saurait en effet les aborder tous) : ceux qui ont été l'objet de relations harmonieuses et ceux qui ont été l'objet de relations difficiles entre le CPQ et le premier gouvernement Bourassa.

D'entrée de jeu, soulignons que nous ne parlerons pas ici des nombreux dossiers n'ayant pas fait l'objet d'une véritable position de la part du CPQ qui, comme on le sait, n'a jamais été, ni à l'époque ni aujourd'hui, une entité monolithique face aux mesures gouvernementales. Il regroupe des grandes, moyennes et petites entreprises, des associations, des anglophones, des allophones, des francophones et des gens de toutes les régions. Cette hétérogénéité peut compliquer, et complique effectivement, l'atteinte d'un consensus sur une quantité de questions.

Illustrons simplement cette réalité par le dossier du salaire minimum. Une hausse importante du salaire minimum peut avoir des conséquences majeures pour le commerce de détail, les secteurs de la restauration et de l'hôtellerie, et n'en avoir presque pas pour le secteur minier. Le CPQ doit donc choisir minutieusement les dossiers qu'il décide de défendre auprès du gouvernement pour s'assurer d'être suivi par ses troupes.

Le plus important appui que le CPQ ait donné au premier ministre Bourassa lors de son premier mandat, a sûrement été celui pour son projet de développement des rivières de la région de la Baie-James, un projet qui était qualifié de «projet du siècle» par presque tout le monde, nonobstant l'opposition initiale des 5000 Inuits de la Baie-James, des 3500 Cris du Nord du Québec et même de M. Jacques Parizeau qui préférait le nucléaire.

Le Québec se donnait enfin un plan de développement économique de très grande envergure et le CPQ, chez qui le projet faisait l'unanimité, ne pouvait qu'y souscrire et applaudir.

Il y eut également, de la part de ce gouvernement, bon nombre d'autres décisions soutenues par le CPQ.

En voici quelques-unes : la Loi sur l'assurance-maladie; la mise sur pied du Conseil de planification et de développement du Québec (dont le premier président fut d'ailleurs M. Pierre Côté, président de la Laiterie Laval à Québec, qui deviendra éventuellement président du CPQ en mai 1978); la première Loi sur la qualité de l'environnement qui a vu le jour en 1972; la Loi sur le syndicalisme agricole qui accordait à l'Union des producteurs agricoles (UPA) non seulement un monopole syndical en agriculture, mais également la Formule Rand[4]*, loi qui, à l'époque, obtint quand même l'appui du CPQ, du bout des lèvres cependant; les nombreuses actions contre les multiples grèves qui ont eu cours à l'époque dans les secteurs public et parapublic, incluant les moyens de pression des médecins spécialistes dénoncés par le CPQ; la réforme du Conseil supérieur de l'éducation afin d'y adjoindre des représentants dûment mandatés des principaux corps intermédiaires intéressés par les problèmes de l'éducation au Québec.

Face à la situation extrêmement difficile et délicate de la crise d'Octobre 1970, provoquée par le Front de libération du Québec (FLQ) avec l'enlèvement de deux hommes, le diplomate britannique M. James Cross et le ministre du Travail, M. Pierre Laporte, et qui a conduit à la mort de ce dernier, l'action du gouvernement a reçu l'appui indéfectible du CPQ.

Certains dossiers furent par ailleurs plus difficiles, le CPQ critiquant la gestion de la Commission des accidents du travail (CAT) qu'il considérait trop généreuse, sinon laxiste; le peu d'importance accordée, à l'époque, aux restrictions au commerce interprovincial; l'indifférence du gouvernement face à plusieurs propositions de syndicalisme des cadres, mais surtout le fameux projet de loi anti-briseurs de grève piloté par le ministre du Travail, M. Jean Cournoyer, dont nous avons parlé au chapitre précédent. Eh oui! ce n'est pas le gouvernement du Parti québécois qui, le premier, a eu cette «mauvaise» idée d'implanter une loi anti-briseurs de grève au Québec, mais bien le Parti libéral de M. Bourassa, sous la pression notamment de la CSN et de la FTQ! Ce dossier aura sûrement été, tout au cours des années, dans le domaine du travail, l'une des lois québécoises ayant le plus monopolisé l'attention du CPQ.

---

* Tel qu'expliqué à la note[4], la Formule Rand a pour finalité de facturer la cotisation décidée par un syndicat à tous les travailleurs non syndiqués de l'unité de négociation, même si ceux-ci peuvent représenter, par exemple, 48 % des travailleurs!.

Par ailleurs, au cours de cette période 1970-1973, le CPQ suggéra au gouvernement plusieurs mesures qui sont restées lettre morte. Retenons les plus importantes qui seront plutôt reprises par des gouvernements subséquents : un vibrant plaidoyer pour une meilleure concertation entre le syndicalisme, le patronat et l'État, un thème que le premier gouvernement péquiste, en 1976, endossa; un meilleur encadrement du droit de grève dans les secteurs public et parapublic, proposition qui fut également retenue, pour l'essentiel, par la création du Conseil des services essentiels en 1982; la création d'un meilleur lien école-travail et la valorisation de l'enseignement professionnel, deux thèmes qui susciteront beaucoup de discussions et ne feront jamais l'objet, quant aux principes en tout cas, de divergences patronales-gouvernementales (ni même syndicales).

Voilà, pour l'essentiel, les dossiers qui ont été au cœur des relations entre le CPQ et le premier gouvernement Bourassa au cours de son premier mandat. Des relations, répétons-le, qui ont généralement été cordiales, respectueuses et positives.

PLUS + + +

◆ **Premiers jalons de la consultation du patronat par le gouvernement**
Lors de son arrivée au pouvoir en 1970, M. Bourassa n'était certes pas le premier ministre «de la consultation et de la concertation». Il en aura fallu des contacts entre le président du CPQ de l'époque, M. Charles Perrault, et le premier ministre Bourassa, pour que ce dernier tienne compte de l'existence du CPQ. Il aura même fallu une réaction sévère de M. Perrault, à l'émission Présent sur les ondes de Radio-Canada, faisant état de la «non-écoute» de M. Bourassa, et la diplomatie de son chef de cabinet de l'époque, M. Guy Langlois, pour que M. Bourassa reconnaisse enfin la présence du CPQ sur la scène politique québécoise. Mais ensuite, il ne remit plus jamais en question la notoriété et la crédibilité du CPQ.

◆ En marge des enlèvements de MM. Cross et Laporte

Lors de la Crise d'octobre 1970 provoquée par les enlèvements dont nous avons déjà parlé, l'appui des membres du CPQ aux actions gouvernementales n'était pas nécessairement unanime. Certains membres considéraient en effet que l'action gouvernementale allait trop loin, d'autres, pas assez. Deux des membres les plus influents, la Banque Provinciale, fusionnée depuis avec la Banque Nationale du Canada, et la Société Noranda inc., fusionnée quant à elle avec Falconbridge Limitée et, par la suite, avec Xstrata plc, exprimèrent leur désaccord avec l'appui du CPQ au gouvernement Bourassa et présentèrent leur démission. Le CPQ resta sur ses positions.

Feu de paille cependant. Lorsque la situation fut rétablie et que le gouvernement Bourassa l'eut bien en main, tous les deux revinrent au CPQ en le félicitant pour son appui au gouvernement et pour ne pas avoir opté pour leur propre analyse. Un membre doubla même sa cotisation annuelle au CPQ. Pour un organisme naissant comme le CPQ, soucieux de se doter d'une «bonne colonne vertébrale» face aux revendications de ses membres, c'était là une reconnaissance dont il avait grandement besoin.

◆ Non à la négociation sectorielle

La poursuite, par M. Jean Cournoyer, ministre du Travail, de l'idée avancée par M. Robert Sauvé, ex-sous-ministre du Travail, d'encourager la négociation sectorielle au Québec avait pour effet de créer une tension certaine au sein du CPQ.

Bien sûr, le CPQ n'était pas favorable, sauf le secteur de la construction, à la négociation par secteur industriel et il le disait haut et fort tant au gouvernement qu'aux grandes centrales syndicales.

Mais cette proposition gouvernementale était considérée comme tellement «monstrueuse», notamment par des entreprises dont le siège social était à l'extérieur du Québec, comme Uni-Royal et CIL (qui n'ont plus pignon sur rue au Québec), que la pression pour que le CPQ porte le dossier au bureau du premier ministre était très grande. C'est au sujet de ce dossier d'ailleurs que les relations entre M. Cournoyer et le CPQ devinrent tellement tendues qu'elles ouvrirent le chemin à une demande adressée à M. Bourassa, lors de son deuxième mandat, pour qu'il démette M. Cournoyer de ses fonctions de ministre du Travail : ce que M. Bourassa refusa, avec raison d'ailleurs, croyons-nous. S'il fallait en effet que le premier ministre donne suite à toutes les demandes de destitution de tel ou tel ministre faites par les groupes de pression, ce ne serait plus le premier ministre qui dirigerait, mais les groupes de pression... Mais la demande du CPQ eut au moins l'effet de l'alerter au sujet des tensions qui existaient entre son ministre et le patronat.

◆ Un premier ministre à l'écoute

Nonobstant ses très nombreuses qualités, M. Bourassa avait un défaut certain : trop se fier à sa mémoire.

Durant son premier mandat, M. Bourassa avait en effet l'habitude de rencontrer, seul, les divers groupes ou individus qui défilaient devant lui.

Or, comment pouvait-il faire le suivi de toutes ces rencontres alors que tous ces gens se succédaient à son bureau à un rythme parfois infernal?

Invariablement, lors des comptes rendus de ces rencontres, les représentants du CPQ soulevaient, avec déception, la question suivante: «Comment le premier ministre peut-il, en fin de journée, se rappeler toutes les suggestions et commander les démarches nécessaires pour les analyser à leur juste valeur?»

Un jour, le CPQ prit le taureau par les cornes et décida de saisir le premier ministre de cette question on ne peut plus délicate.....

La réponse fut immédiate et rassurant : un conseiller politique, responsable des suivis, l'accompagnerait désormais.

Et tel fut le cas. Est-ce à dire que les suivis eurent lieu dans tous les cas? C'est là une tout autre question...

◆ General Motors et le français

Contrairement à ce que plusieurs personnes alléguaient au début des années 1970, le CPQ n'était pas indifférent, loin de là, à l'utilisation du français comme langue de travail. C'est vrai que ses membres étaient surtout de grandes entreprises, souvent américaines, qui avaient été les premières à adhérer au CPQ. Il y avait donc beaucoup d'anglophones au sein des divers comités du CPQ. Forcément, toutes les publications du CPQ étaient alors bilingues.

Mais le CPQ était convaincu que le français devait devenir la langue courante de travail dans les entreprises québécoises et la langue des rapports collectifs prévus au Code du travail. Et il était prêt «à se mouiller» à cet égard.

C'est ce qu'il a fait notamment dans le dossier des négociations patronales-syndicales de l'usine de General Motors du Canada (GM) à Ste-Thérèse, où les négociations étaient menées exclusivement en anglais, au grand dam des employés et du syndicat concernés.

Acceptant d'appuyer les démarches du premier ministre Bourassa et du ministre du Travail, M. Jean Cournoyer, pour que les négociations se déroulent en français, le CPQ a demandé publiquement à GM de prendre tous les moyens afin de reconnaître aux francophones de son usine de Ste-Thérèse, majoritaires à 95 %, leur droit à l'usage du français dans les négociations collectives.

Ce n'était pas une décision facile pour le CPQ, qui avait à peine un an d'existence, de demander publiquement à l'un de ses «gros» membres, de respecter la réalité québécoise. Il risquait gros! Mais sa demande fut finalement acceptée et la suite des négociations s'effectua en français... sans trop de dommages pour le CPQ.

C'est le genre de dossiers où il faut marcher sur la pointe des pieds. L'attitude du CPQ lui valut d'ailleurs les remerciements de MM. Bourassa et Cournoyer... ce qui était rare de la part des élus... tout au moins à l'époque.

Mais le CPQ ne l'a pas fait pour obtenir des remerciements ou pour faire un geste d'éclat. Il l'a fait parce qu'il croyait vraiment à l'usage du français dans les milieux de travail au Québec.

CHAPITRE 3
Gouvernement de M. Robert Bourassa, 1973-1976, 2ᵉ mandat

29 octobre 1973 au 15 novembre 1976

À l'automne 1973, probablement parce qu'il a le vent dans les voiles, le premier ministre Bourassa prend tout le monde par surprise et tient une deuxième consultation populaire qu'il gagne haut la main le 29 octobre. Alors qu'il avait remporté l'élection de 1970 avec 72 sièges, cette fois, il en obtient... 102, ne laissant que 6 sièges au Parti québécois et 2 sièges au Parti créditiste... L'Union nationale est rayée de la carte...

Que retient-on des relations entre le CPQ et le gouvernement durant ce deuxième mandat de M. Bourassa qui se terminera le 15 novembre 1976 par l'élection du Parti québécois?

Avant de porter un jugement, parlons d'abord des principaux dossiers qui ont reçu l'aval du CPQ. On peut en identifier au moins une bonne douzaine, et pas de la moindre importance.

Il y a d'abord eu la mise sur pied de la Commission Cliche, dans la foulée des événements de LG-2 à la Baie-James, où certains «éléments» de la FTQ-Construction avaient tout saccagé pour signaler leur opposition farouche à certaines orientations du gouvernement Bourassa.

La nomination de MM. Robert Cliche, Brian Mulroney et Guy Chevrette aux fins de mener une enquête approfondie sur les relations du travail dans le secteur de la construction, et non seulement sur les chantiers de la Baie-James, fut très bien accueillie par le CPQ qui dénonçait depuis des mois l'état des relations du travail sur les chantiers de construction au Québec.

Un autre fait marquant du deuxième mandat de M. Bourassa fut sûrement l'adoption de la Loi sur la langue officielle (loi 22), le 19 juillet 1974. Pensée et pilotée par MM. François Cloutier (ministre de l'Éducation) et Fernand Lalonde (ministre d'État à l'Éducation), cette loi faisait du français la seule langue officielle du Québec dans un certain nombre de secteurs, notamment dans l'administration et les services gouvernementaux ainsi que dans les milieux de travail. Par ailleurs, l'école publique anglaise ne devenait accessible qu'aux enfants qui avaient une connaissance «suffisante» de l'anglais.

Le CPQ a qualifié cette loi de «valable» et de «tout à fait acceptable», tout en regrettant cependant qu'il s'agisse d'une loi-cadre dont bien des implications étaient inconnues; qu'aucune mesure n'ait été prévue pour le cas particulier des sièges sociaux; qu'à propos des certificats de francisation, elle entraînait d'importantes augmentations des coûts de fonctionnement des entreprises; qu'elle comportait certains éléments coercitifs, par exemple, le fait que le libre choix de la langue d'enseignement n'était plus laissé aux parents.

C'est cette question du «libre choix de la langue d'enseignement», et non celle du français comme langue officielle de travail, qui retiendra surtout l'attention des membres du CPQ. Les membres anglophones et les membres d'origines ethniques trouvaient que la loi 22 était sévère à leur égard. Et ils exprimeront clairement leur mécontentement en participant, en 1976, à faire élire des candidats de l'Union nationale dans le West Island de Montréal, un geste qui se retournera contre eux, puisqu'il aidera à l'élection du premier gouvernement péquiste de l'histoire du Québec, alors que même les dirigeants péquistes de l'époque ne s'attendaient pas à former le gouvernement... En langage de hockey, c'est ce qu'on appelle «marquer dans ses propres buts».

Plusieurs autres dossiers reçurent également l'appui explicite du CPQ: la Charte des droits et libertés de la personne du Québec; le dépôt d'une politique intégrée du salaire minimum; la décision (suite au rapport Riverin, du nom du président de l'Université du Québec de l'époque, M. Alphonse Riverin) de conserver les cégeps dans le système québécois d'enseignement; certaines décisions, même souvent très timides, visant la révision de l'ensemble des lois du travail, notamment pour tenter d'assurer les services essentiels dans certains secteurs public et parapublic; divers projets de loi pour la protection du consommateur, pour la protection de l'environnement et pour la protection des personnes handicapées.

Force nous est de signaler cependant que les désaccords entre le CPQ et le gouvernement de M. Bourassa furent beaucoup plus nombreux lors de son deuxième mandat que pendant son premier mandat.

Il était impossible en effet pour le CPQ d'être d'accord avec le gouvernement Bourassa et avec son ministre des Finances, M. Gérard D. Lévesque, lorsqu'ils «mirent le grappin» sur les surplus budgétaires accumulés à la Commission des normes du travail (une Commission totalement financée par les employeurs, hier comme aujourd'hui). Une décision que le président de l'époque, M. Paul-Émile Bergeron, apprit, comme tout le monde, en écoutant la lecture du budget. Il était difficile également d'être d'accord avec la mainmise, le même soir, sur les surplus budgétaires accumulés de la Société de l'assurance automobile du Québec.

Impossible d'être d'accord avec son ministre du Travail, M. Jean Cournoyer, lorsqu'il brandit à nouveau, le 17 décembre 1973, l'idée d'imposer une loi anti-briseurs de grève[3], ou, un peu plus tard, en octobre 1974, la Formule Rand généralisée[4]. Ces propositions, et d'autres, amenèrent le conseil d'administration du CPQ à demander au premier ministre Bourassa d'affecter son ministre du Travail, M. Cournoyer, à d'autres fonctions. Ce que M. Bourassa refusa dans un premier temps, mais qu'il finit par accepter à l'occasion d'un remaniement ministériel en le nommant ministre des Richesses naturelles, ce qui apparut cependant, pour plusieurs, comme une promotion...

Et impossible d'être d'accord avec le rejet gouvernemental de la demande patronale d'indexer les exemptions personnelles d'impôt, les déductions et les limites des tranches d'imposition; ni avec le peu d'importance accordée à l'enseignement professionnel; ni avec la tolérance trop souvent manifestée à l'occasion de grèves illégales; ni avec une quantité de lois-cadres dont on ne connaissait la portée réelle qu'avec le dépôt éventuel des règlements qui les accompagnaient, confirmant ainsi une montée inquiétante du pouvoir technocratique sur le pouvoir politique; ni avec un biais souvent prosyndical à l'occasion de certaines réformes ad hoc du Code du travail; pas plus qu'avec les coûts administratifs excessifs de la Commission des accidents du travail, etc.

⚜ ⚜ ⚜

Que conclure de ce bilan résumant l'essentiel des dossiers ayant fait l'objet de tractations, de négociations, de réactions du CPQ pendant ce deuxième mandat de M. Bourassa?

Une chose est certaine : les relations du CPQ avec le premier ministre Bourassa lui-même ont toujours été très cordiales. Tel ne fut pas toujours le cas cependant avec certains membres de son gouvernement, et parfois même avec le gouvernement.

Par exemple, s'il est un secteur auquel les entreprises accordent une grande importance, c'est bien celui des relations du travail. Or, les relations du travail au Québec se sont nettement détériorées durant les années 1974-1975-1976, passant de 2690 000 jours-personnes perdus en grèves et en lock-out en 1974, à 3555 000 en 1975, à... 6583 000 en 1976, un record de tous les temps au Québec.

Le premier ministre Bourassa n'était certes pas le seul responsable de cette détérioration! Au contraire, il lui en fallut du cran pour traverser ces périodes sociales difficiles, souvent seul au sommet de la pyramide, pour ne pas se sentir démoli par certains syndicats et certains mouvements de gauche, pour surmonter l'adversité tout en continuant d'être «parlable» et pour gouverner la tête haute, comme il l'a fait.

Mais l'inévitable arrive un jour : il faut retourner prendre le pouls de l'électorat.

Élu le 29 octobre 1973, M. Robert Bourassa dissout l'Assemblée nationale à peine trois ans après son élection, à cause notamment des perturbations en matière de relations du travail qui ont marqué son deuxième mandat. Des brefs d'élections sont émis et celles-ci auront lieu le 15 novembre 1976.

Déjà, le patronat est inquiet.
Se dirige-t-on vers un nouveau gouvernement, cette fois dirigé par M. René Lévesque, un homme que l'on qualifie de modéré, mais qui prône l'indépendance du Québec, même assortie d'une forme d'association?

Les membres du CPQ entrevoient des lendemains difficiles et certains regardent vers d'autres cieux...

PLUS + + +
♦ **Un ministre en colère!**
La scène met en présence, au début du deuxième mandat de M. Bourassa, le premier président du CPQ, M. Charles Perrault, accompagné d'une bonne quinzaine de membres de son conseil d'administration, et

le ministre du Travail, M. Jean Cournoyer, accompagné de son sous-ministre en titre.

En désaccord avec le CPQ sur une multitude de dossiers tels le syndicalisme des cadres, la réforme du Code du travail, une éventuelle Formule Rand, etc., le ministre, pourtant généralement flegmatique et très professionnel, n'est pas aussitôt entré dans la salle où se tiendra la rencontre, qu'il se dirige droit vers le président du CPQ et lui sert ces mots : «Charles, j'ai juste le goût de te dire : mange de la marde!».

Quel début de rencontre!

Une chance, M. Perrault est demeuré on ne peut plus stoïque et n'a pas répliqué. Ce qui bien sûr a décontenancé le ministre Cournoyer...

Et la réunion a pu avoir lieu.

Conclusion de l'incident:ceux qui croient que les relations gouvernementales sont toujours de tout repos ignorent que les tensions peuvent souvent être très grandes... quels que soient les gouvernements au pouvoir.

Les tensions peuvent être aussi grandes aujourd'hui, mais les comportements diffèrent généralement...

◆ Le français, langue officielle
Lorsque, en 1977, M. Camille Laurin déposa le projet de loi 101 à l'Assemblée nationale, il le présenta comme établissant que le français devenait «la seule langue officielle» de l'État québécois.

Pourtant, en 1974, comme on l'a déjà vu, MM. François Cloutier et Fernand Lalonde, alors ministres du gouvernement de M. Bourassa, avaient fait adopter par l'Assemblée nationale la loi 22 sur la langue officielle, étant entendu qu'il s'agissait du français.

Alors, questions aux politologues ou historiens :
Qui a fait du français la langue officielle du Québec? MM. Cloutier et Lalonde ou M. Laurin?

◆ **Les aléas de la politique**

❖ En 1973, M. André Déom, maître en relations industrielles, est pressenti comme futur ministre du Travail d'un futur gouvernement libéral. M. Déom est élu député libéral de Laporte. Les libéraux sont également élus. Mais M. Déom devra «ronger son frein» : il n'est pas nommé ministre du Travail. Il ne se représentera pas en 1976...

En 1976, M. André Raynauld, économiste, président du Conseil économique du Canada, est pressenti comme futur ministre des Finances d'un futur gouvernement libéral. M. Raynauld est élu député d'Outremont. Mais les libéraux sont battus. M. Raynauld se mourra d'ennui dans l'opposition jusqu'à sa démission en 1980...

❖ Le CPQ avait fortement appuyé la candidature de ces deux hommes qui représentaient des acquis certains pour la bonne gouverne de la chose publique.

Mais cette expérience conduira le CPQ à hésiter longuement par la suite avant d'appuyer fermement un candidat à une élection provinciale (ou fédérale). Et s'il le fit en 1985, en appuyant fortement Pierre Fortier, Reed Scowen et Paul Gobeil notamment, c'est qu'il croyait, et a toujours cru, que la présence de gens d'affaires expérimentés à la direction des affaires gouvernementales ne pouvait être que bénéfique pour la société québécoise.

Rappelons d'ailleurs que, selon les multiples sondages CROP conduits pour le compte du CPQ, les gens d'affaires sont vus comme étant très crédibles par la population, ce qui n'est pas toujours le cas des politiciens, toutes allégeances confondues. Les gens d'affaires ne peuvent qu'apporter plus de crédibilité à nos élus!

◆ Cré Vastel!

J'ai eu l'occasion de travailler étroitement avec M. Michel Vastel, journaliste bien connu, décédé d'un cancer de la gorge à l'automne 2008.

En fait, Michel a été responsable des communications au CPQ de 1973 à 1976.

Il nous venait directement du gouvernement du Québec où il avait travaillé notamment pour M. Bernard Pinard, alors ministre des Transports.

Il disait avoir trouvé difficile son expérience de travail au gouvernement où, rappelait-il souvent, il n'existait alors aucune culture de productivité, de rentabilité, d'efficacité... Et il suggérait que le CPQ le dise haut et fort...

Appelé à le dire lui-même, il accepta avec plaisir d'écrire un essai publié aux Éditions du Jour, que nous avons intitulé *Des profits oui! Mais pour qui?*

Et Michel d'écrire : «Il ne manque pas d'hommes d'affaires pour penser que l'impôt sur les bénéfices des sociétés résulte d'une confiscation pure et simple du capital de l'entreprise. Il faut bien admettre que leurs arguments ont du poids [...] et qu'ils savent de quoi ils parlent. Ils savent que cette confiscation résulte généralement en plus de gaspillage, justement parce que les gouvernements ne se sont jamais fixé les mêmes objectifs impératifs de rentabilité que les gestionnaires n'en fixent eux-mêmes à leur propre entreprise[†]».

Ces phrases lapidaires, ainsi que bien d'autres, ne furent pas sans provoquer certaines réactions gouvernementales. Mais elles avaient le don «d'enflammer» Vastel au lieu de le confondre, ce qui sera d'ailleurs une de ses marques de commerce tout au cours de sa brillante carrière

---

[†] Le Conseil du patronat du Québec. *Des profits oui! Mais pour qui?* Éditions du Jour, 1er trimestre, 1976, pages 53 et 56.

journalistique. Une carrière qui nous aura mis en contact des dizaines de fois pour le lunch ou simplement pour placoter. Des rencontres dont je garde un excellent souvenir.

Salut, vieille branche!

CHAPITRE 4
Gouvernement de M. René Lévesque, 1976-1981, 1ᵉʳ mandat

15 novembre 1976 au 13 avril 1981

Le Parti québécois (PQ) prend le pouvoir le 15 novembre 1976 avec 71 sièges. Les libéraux font élire seulement 26 des leurs, l'Union nationale, 11, le Parti créditiste et le Parti national populaire, 1 candidat chacun.

C'est un peu la panique au CPQ. Les membres rejettent en masse l'option souverainiste d'ailleurs inscrite à l'article 1 du programme du PQ, et ce, même s'il est prévu à cet article que le gouvernement ne peut pas faire l'indépendance sans tenir un référendum. Les sièges sociaux s'agitent, des chefs d'entreprise mettent leur maison en vente et, pour plusieurs, c'est la planification de l'exode vers d'autres cieux, l'Ontario principalement. Même M. Pierre Elliott Trudeau, alors premier ministre du Canada, déclare que la séparation du Québec du Canada «serait un crime contre l'humanité[*]».

<u>Pour sa part, le CPQ voulut prendre une position davantage temporisatrice et très modérée.</u>

[*] TRUDEAU, Pierre Elliott, le 8 mars 1977, cité par Graham Fraser. Le Parti québécois, Éditions Libre Expression, 1984.

Le président de l'époque, M. Pierre Des Marais II, félicita d'ailleurs le nouveau gouvernement péquiste de son élection et l'assura de son entière collaboration. M. Des Marais II soulignait même l'obligation qu'avait désormais le CPQ de rappeler aux milieux d'affaires, généralement «apeurés» par l'élection du PQ, l'engagement du nouveau gouvernement à organiser un référendum avant de s'engager dans tout processus d'indépendance.

D'entrée de jeu, le CPQ informa le nouveau gouvernement mis en place le 26 novembre 1976 qu'il lui fallait «oublier» la question de l'indépendance pour s'attarder à deux dossiers qui lui apparaissaient essentiels: revoir l'ensemble des mécanismes de négociation dans les services publics (mécanismes qui n'avaient pas fonctionné sous les deux gouvernements libéraux de M. Bourassa et qui avaient conduit à des relations patronales-syndicales désastreuses) et mettre sur pied des mécanismes de concertation au sommet en vue d'associer les gouvernés aux prises de décisions gouvernementales.

Malgré ces déclarations de bonnes intentions, le CPQ réalisera bien vite qu'il fait face à un gouvernement qui n'a pas du tout l'intention de satisfaire les milieux patronaux et qui se tournera d'ailleurs rapidement vers les syndicats et la gauche québécoise, ses alliés naturels.

En plus de réaliser qu'il n'aura pas l'appui de ce gouvernement en matière législative, le CPQ se retrouve dans une situation bien délicate. En effet, au lendemain de sa défaite, M. Bourassa quitte le Québec pour l'Europe afin d'y étudier les mécanismes fédératifs européens, laissant le Parti libéral complètement désorganisé et assommé par sa défaite du 15 novembre 1976.

À compter du 15 novembre et jusqu'à l'élection de M. Claude Ryan à la tête de Parti libéral, le 15 avril 1978, et son entrée à l'Assemblée nationale le 9 mai 1979, c'est le CPQ (avec plusieurs journalistes de l'époque, faut-il ajouter) qui, en pratique, constituera l'opposition formelle, sinon officielle, au gouvernement du Québec.

Ainsi, quand M. Camille Laurin, ministre d'État au Développement culturel, dépose son projet de Charte de la langue française en avril 1977, le CPQ réagit haut et fort, considérant que plusieurs des orientations contenues dans le livre blanc sur la langue sont «inacceptables, discriminatoires ou irréalistes». Les hostilités sont lancées.

Quel dossier peut être plus litigieux et porteur de débats en effet que le dossier de la langue au Québec? Et même si quelques mois plus tard, le ministre Laurin revoyait la loi 1, rebaptisée pour l'occasion «loi 101», et y apportait certains amendements analysés publiquement par le CPQ comme «marquant des progrès certains», c'était insuffisant pour rallier le patronat. La nouvelle loi 101 n'ouvrait toujours pas la porte des écoles anglaises aux nouveaux immigrants d'ascendance anglophone. Elle n'admettait à l'école anglaise en effet que les enfants dont les parents avaient entrepris ou complété leurs études primaires en langue anglaise au Québec et non ailleurs au Canada[+]. Elle imposait toujours également d'importantes contraintes aux sièges sociaux, ou encore était trop exigeante quant à l'affichage commercial.

Contrairement cependant à ce qui a été propagé, le CPQ s'est toujours dit d'accord avec l'action concertée de l'État, des entreprises et des citoyens, en vue de promouvoir l'usage du français et de parvenir à en faire, premièrement la langue principale dans les activités économiques et culturelles, et deuxièmement la langue officielle du travail au Québec. Le dossier de la langue ne sera pas le seul à indisposer le patronat durant le premier mandat de M. Lévesque.

En voici quelques exemples: le livre vert et, par la suite, le projet de loi sur l'assurance automobile ayant pour objet la nationalisation d'une partie de l'assurance automobile (l'indemnisation corporelle); le projet de loi 5 modifiant la Loi des accidents de travail et comportant des modalités toujours plus exigeantes, pour les PME notamment; les amendements très «prosyndicaux» apportés au Code du travail; la Loi

---

[+] La «clause Québec» sera cependant déclarée anticonstitutionnelle par la Cour supérieure en septembre 1982, et éventuellement remplacée par la «clause Canada».

anti-briseurs de grève ; le livre blanc et, plus tard, le projet de loi sur les référendums avec sa formule des comités nationaux; la nationalisation d'une partie du secteur de l'amiante (Asbestos Corporation, à 42 dollars l'action) qui se révélera une erreur monumentale; le peu de préoccupations accordées au développement économique, si ce n'est par le biais de l'État; le projet de loi sur la protection des consommateurs qualifié par le CPQ «d'excès» de protectionnisme; le dossier Tricofil qui accordait une importante subvention gouvernementale à une société autogérée vouée dès le départ à l'échec; l'incompréhension de la réalité des sièges sociaux, notamment quant à la langue; la vision «rose» du règlement des conflits du travail dans les secteurs public et parapublic, malgré le nombre impressionnant de jours-personnes perdus (3658 000 en 1979 et 4315 000 en 1980); la fiscalité élevée des particuliers; la Loi sur la santé et la sécurité au travail beaucoup trop exigeante pour les entreprises (trop de règlements, trop de comités obligatoires, trop coûteuse); la négociation sectorielle pilotée par certains groupes, la FTQ par exemple, avec l'aval presque explicite du gouvernement, etc.

Mais c'est surtout le «dossier référendaire» qui aura créé le plus d'antagonismes entre le CPQ et le premier gouvernement de M. Lévesque. Nous y reviendrons.

⚜ ⚜ ⚜

Mais nous tenons à dire qu'au-delà du dossier référendaire et des dossiers mentionnés plus haut, tout ne fut pas objet de «chicanes» entre le CPQ et le PQ entre 1976 et 1981.

Le CPQ fut on ne peut plus favorable, par exemple, à l'égard de l'organisation des sommets économiques de la Malbaie et de Montebello et de celui de Québec en 1982, lors du second mandat du gouvernement Lévesque. Réussir à asseoir à une même table, lors du Sommet économique de la Malbaie, des gens comme Paul Desmarais, Laurent Beaudoin, Louis Laberge et Marcel Pépin, en plus du patronat et des centrales syndicales en tant qu'entités, pour discuter de problèmes économiques urgents, c'était à l'époque un véritable succès. De même que pour les quatre mini-sommets économiques tenus en cours de mandat par le ministre d'État au Développement économique, M. Bernard Landry.

Des dossiers comme la Loi sur le recours collectif, la Loi sur les personnes handicapées, la politique de la forêt, les démarches entreprises pour donner un nouvel essor à l'enseignement professionnel, notamment par le dépôt d'un livre vert sur la formation professionnelle, le rôle reconnu de l'entreprise privée dans Bâtir le Québec[5] de M. Bernard Landry, etc., ont tous reçu l'aval du CPQ.

Revenons cependant au dossier référendaire. Le CPQ a, toujours et partout, rejeté le projet de souveraineté-association du Parti québécois: «un projet irréaliste, une aventure aveugle où il est faux de croire que nous n'avons rien à perdre», a-t-il clamé sur tous les toits. Opposé à la question référendaire de 1980[6], qu'il qualifiait «d'imprécise», le CPQ s'est alors employé, au grand dam des souverainistes à tout crin, à démontrer qu'il fallait dire NON à la séparation du Québec du reste du Canada.

Ce n'est certainement pas à ce moment qu'il a eu les meilleurs échanges avec le gouvernement du Québec!

Dans une série de huit bulletins[7], sous le thème «La souveraineté-association, à quel prix?», analysant soit l'irréalisme de la proposition d'union monétaire avec le Canada proposée par le Parti québécois, soit les difficultés de délimiter les frontières d'un Québec souverain, soit encore l'appauvrissement du Québec en matière énergétique ou en richesses naturelles dans un contexte d'État souverain, le CPQ a participé au débat référendaire à visière levée, demandant clairement à la population de dire NON «aux utopistes» (sic).

Ce qui lui a valu, comme on l'a vu, dans son quasi-rôle d'opposition officielle, des volées de bois vert de la part des éléments les plus à gauche de la société québécoise d'alors.

Le 20 mai 1980, à la suite des résultats référendaires (59,56 % : NON et 40,44 % : OUI), le CPQ pouvait se réjouir d'avoir contribué à empêcher, avec bien d'autres, dont notamment MM. Pierre Bibeau, Pierre Côté, Claude Castonguay, les organisateurs parmi les plus influents de la campagne du NON, le démantèlement du Canada. (Notons à cet égard que, tout en demeurant très indépendantiste, l'actuelle chef du Parti québécois, Mme Pauline Marois, a fait radier du programme du parti cette <u>obligation</u> de tenir un référendum sur la souveraineté durant le premier mandat d'un gouvernement péquiste).

En se remémorant aujourd'hui ces principaux dossiers, surtout ceux de la langue officielle et du référendum de 1980, on comprendra vite que les relations entre le premier gouvernement de M. Lévesque et le CPQ ne peuvent être qualifiées «d'excellentes».

Le patronat québécois n'était pas vraiment prêt pour l'arrivée au pouvoir d'un gouvernement indépendantiste et, de surcroît, social-démocrate.

Beaucoup de chefs d'entreprise ont alors déménagé leurs pénates ailleurs. Qu'on se rappelle du départ de la Sun Life pour Toronto, par exemple. Certains sièges sociaux restés au Québec sont devenus par ailleurs des coquilles vides, l'essentiel de leurs opérations de management étant transféré ailleurs, principalement à Toronto où l'on retrouve des exilés québécois par milliers. Certains prétendent même que le Parti québécois d'alors a amené jusqu'à 75 000 citoyens québécois anglophones à déménager en Ontario et ailleurs, entre 1976 et 1981.

Plusieurs raisons ont justifié leur décision : la peur de l'indépendance du Québec, le caractère coercitif de certains volets de la politique linguistique, le biais prosyndical du gouvernement, une série de lois à caractère social qui ont «dérangé» bien des façons de faire, etc.

Excellentes les relations entre le CPQ et le premier gouvernement péquiste? Non. Est-ce à dire qu'elles étaient pourries, comme certains l'ont affirmé? Non également. Les relations ont été très civilisées, antagonistes très souvent, mais toujours dans le respect des uns et des autres, chacun d'ailleurs, sauf exception, étant «parlable», de part et d'autre.

Quant aux relations plus particulières du CPQ avec M. Lévesque lui-même, on peut les qualifier de très bonnes. C'est une chose en effet d'évaluer l'ensemble des musiciens d'un orchestre, une autre d'évaluer le chef d'orchestre lui-même.

Le CPQ et le gouvernement de l'époque ont bien sûr entretenu des relations difficiles, notamment à cause de l'option constitutionnelle du gouvernement, l'indépendance du Québec et de son option sociale-démocrate.

Et si «certains musiciens» de ce gouvernement n'avaient guère le CPQ en odeur de sainteté, c'était souvent réciproque. Pensons à Mme Lise Payette qui n'a jamais été bien «reçue» par le secteur de l'assurance automobile, pour en avoir nationalisé une bonne partie; à M. Camille Laurin pour les lois 1 et 101 sur la langue française jugées beaucoup trop coercitives; à M. Pierre Marois pour la création de la Commission de la santé et de la sécurité du travail (CSST) qui s'avéra une structure très coûteuse pour les employeurs; à M. Pierre Marc Johnson pour sa Loi anti-briseurs de grève et ses modifications prosyndicales au Code du travail; et quelques autres dont les actions ont indisposé le patronat. Mais il s'agit bien de quelques-uns, pas de tous. Loin, très loin de là.

Par exemple, si on oublie le contentieux CPQ-PQ au sujet du «fédéralisme» que nous défendions, contre «l'indépendance du

Québec» que tous les membres du cabinet Lévesque défendaient, nous n'avons jamais eu de véritables désaccords avec, notamment, Marc-André Bédard, Yves Bérubé, Michel Clair, Jacques Léonard, Alain Marcoux, Claude Charron, François Gendron, Bernard Landry, Yves Duhaime, Guy Chevrette et Jacques Brassard. Avec certains, nous avons même entretenu de très bonnes relations.

À l'égard de M. Lévesque, répétons-le, c'était différent. Je me rappelle que les membres du CPQ, même s'ils ne partageaient pas les orientations de M. Lévesque, le respectaient grandement, reconnaissaient sa grande intelligence et acceptaient qu'il prenne des orientations qu'eux-mêmes ne partageaient pas. Homme charismatique et excellent communicateur (qu'on se rappelle l'émission Point de mire qu'il animait), M. Lévesque ne laissait personne indifférent.

Dans les rencontres plus privées, même si M. Lévesque était un négociateur et un bagarreur hors pair, les relations ont toujours été franches, professionnelles, respectueuses, en somme, de «bonnes relations».

⚜⚜⚜

PLUS + + +
◆ Les budgets du CPQ influencés par l'arrivée au pouvoir des péquistes
L'élection du Parti québécois, en 1976, a financièrement gêné quelque peu le Conseil du patronat.

La raison en est fort simple : le CPQ affichait à l'époque la liste de ses membres, tant corporatifs qu'associatifs. Or, certains de ses membres corporatifs qui faisaient surtout affaire avec le gouvernement n'ont plus voulu manifester ouvertement qu'ils appuyaient le très fédéraliste CPQ, craignant d'être, selon les termes de l'époque, «exclus de l'attribution de contrats»!

Ils n'ont donc pas renouvelé leur adhésion au CPQ.

Nous n'avons jamais partagé leur thèse et le CPQ continua à publier la liste de ses membres. Toutefois, plusieurs entreprises payaient leur cotisation annuelle en bonne et due forme, mais demandaient qu'on n'inscrive par le nom de leur entreprise au bottin des membres...

À l'approche du référendum de 1980, toutes les sociétés d'État qui étaient membres du CPQ, sauf une, la Société de développement industriel (SDI), devenue depuis Investissement Québec, le quittèrent à la demande du gouvernement. «Impensable, disait-on alors dans les milieux gouvernementaux péquistes, que les entreprises d'État fassent partie d'une organisation fédéraliste», même si les règlements du CPQ les «dissociaient» clairement de toute position politique de ce dernier, et ce, à l'image du très puissant CBI (Confederation of British Industries) de Londres. Elles étaient membres, en leur qualité d'importants employeurs au Québec et pour bénéficier des avantages de l'appartenance à une telle association d'employeurs, non pas pour quelque raison politique que ce soit.

Ces sociétés d'État revinrent dans le giron du CPQ lors de l'arrivée au pouvoir des libéraux en 1986, mais elles durent le quitter à nouveau lors du référendum péquiste de 1995. (Nous y reviendrons au chapitre X.) Belle démocratie! Pourquoi les syndicats présents dans ces sociétés d'État pouvaient-ils en effet demeurer membres de leurs fédérations syndicales qui défendaient l'indépendance du Québec, alors que ces mêmes sociétés d'État ne pouvaient demeurer membre de leur fédération patronale dont, selon les règlements, elles n'avaient pas à partager les opinions politiques?

◆ Et après, on se demandait pourquoi les relations étaient parfois difficiles Février 1978. Selon son habitude depuis qu'il existe, le CPQ transmet au gouvernement en place, celui de M. Lévesque, son mémoire annuel dont le contenu n'a rien de bien révolutionnaire. Pour l'essentiel, le message est le suivant: «Vous vous êtes engagés à tenir un référendum sur l'avenir du Québec? Tenons-le le plus vite possible pour aérer l'atmosphère et créer un sain climat de confiance post-référendaire essentiel au développement économique. Demandez également, M. Lévesque, aux membres de votre cabinet, de rendre leurs déclarations publiques plus respectueuses de tous les groupes de citoyens.»

Or, c'est par Le Devoir* que le CPQ apprendra que le premier ministre lui-même avait confié à la presse anglophone «que de toute manière, le mémoire du CPQ ira dans la filière ronde ».

Et après, certains se demanderont pourquoi les relations avec le gouvernement péquiste, lors de son premier mandat, étaient parfois teintées d'acrimonie.

◆ Jacques Couture, ministre du Travail

Une des raisons d'être du CPQ, répétons-le, a toujours été la question des relations du travail. Or, une des plus grandes déceptions du CPQ lors de la composition du premier Conseil des ministres de M. Lévesque, a été la nomination de M. Jacques Couture comme ministre du Travail et de la Main-d'œuvre. Très charmant, avec une très belle personnalité, M. Couture n'avait par ailleurs aucune expérience en relations du travail... Il aura fallu attendre la nomination de M. Pierre Marc Johnson en juillet 1977 pour avoir un véritable interlocuteur gouvernemental en matière de relations du travail.

Bien sûr, M. Johnson était, à l'époque à tout le moins, loin d'être très propatronal. Pensons à la Loi anti-briseurs de grève qu'il a fait adopter, puis à sa contestation de la demande du CPQ de faire vérifier la constitutionnalité de la loi, puis à sa contestation de «l'intérêt» même du CPQ à contester en Cour cette même constitutionnalité, ou encore à sa fameuse réforme du Code du travail (projet de loi 45). Mais il était un interlocuteur « parlable », sensible aux questions relatives au milieu du travail, non-interventionniste dans les conflits de travail, laissant à ses

---

* *Le Devoir*, 18 février 1978.

collaborateurs le soin d'intervenir plutôt que d'intervenir lui-même, contrairement à ses prédécesseurs MM. Bellemare et Cournoyer. Un interlocuteur en somme ouvert au dialogue que l'on retrouvera en tant que premier ministre en 1985.

◆ Amendement au Code du travail : un appui inattendu
Le CPQ n'était pas le seul à voir un penchant prosyndical trop prononcé dans la réforme péquiste du Code du travail de 1977.

Dans La Presse du 29 août 1977, l'éditorialiste Yvan Guay* analysait alors le projet de loi 45 de M. Pierre Marc Johnson en ces terme : «Ce projet de loi fait de la grève une arme beaucoup plus efficace et n'a donc pas pour but de pacifier les relations du travail. On se demande si le ministre ne fait pas de l'angélisme [...] C'est un peu comme si un arbitre de boxe disait aux antagonistes : "Aimez-vous les uns les autres".»

Et M. Guay d'ajouter : «Le ministre du Travail parle comme un prédicateur de carême [...] Plutôt que de présenter un tel projet de loi, il aurait dû faire, au lieu d'un Sermon sur la Montagne, en l'occurrence la colline Parlementaire, des suggestions réalistes aux deux antagonistes des relations du travail (patronat et syndicats) [...] Ce n'est pas le temps, en période de crise économique grave, de faire de l'électoralisme. Le numéro de séduction avec battements de cils langoureux et regards filtrants en direction des establishments syndicaux est tout à fait intempestif.»

Il faut dire que M. Guay n'avait pas la langue de bois!

La loi Marois (Pierre) sur la santé et la sécurité du travail
◆ Une des lois les plus difficiles à accepter pour le patronat, fut la Loi sur la santé et la sécurité du travail de 1979, parrainée par M. Pierre Marois, ministre du Développement social. Cette loi créait la Commission de la santé et de la sécurité du travail (CSST), loi qui fut amendée bien des fois depuis. Tout en étant d'accord avec le principe de revoir en profondeur l'ancienne Loi des accidents du travail (LAT), le patronat avait beaucoup

* GUAY Yvan, éditorialiste. La Presse, 29 août 1977.

de difficultés, tout au moins à l'époque, à accepter que le nouvel organisme devienne paritaire patronal-syndical, alors que tous les coûts de l'organisme continueraient d'être assumés par le patronat seulement. Autrement dit, le monde syndical présent au conseil d'administration de la CSST avait autant de pouvoir sur la détermination des cotisations à être payées par les entreprises que les représentants des entreprises au sein du conseil d'administration!

Il en fallut des sessions d'information pour faire accepter aux employeurs, tant bien que mal, cette nouvelle réalité! M. Marois hésita même longuement avant de venir l'expliquer lui-même aux employeurs. Et sans Mme Lisette Lapointe, alors attachée de presse de M. Marois (aujourd'hui députée de Crémazie), qui fit pression sur lui, M. Marois n'aurait pas rencontré les 450 personnes réunies au Château Champlain (aujourd'hui devenu le Marriott Château Champlain) pour l'entendre «vendre» son projet de loi. Heureusement, il fit face, malgré la mauvaise humeur des participants, à une salle des plus courtoises.

Cette Loi sur la santé et la sécurité du travail fut certes, avec les lois 1 et 101 sur la langue, l'une des plus discutées à l'époque au sein du patronat.

Une certaine rencontre avec René Lévesque

Certains racontent qu'à la fin de 1979, un beau vendredi soir, vers les 17 heures 30, les dirigeants du CPQ ont été reçus par le premier ministre Lévesque avec «une brique et un fanal», résultat de leurs vives critiques le même jour à l'endroit du gouvernement. Il est vrai que cette rencontre fut houleuse au début : mais rien n'avait justifié la brique et le fanal.

Remettons les pendules à l'heure.

Le cabinet de M. Lévesque avait accepté une rencontre avec les membres du conseil d'administration du CPQ, mais à 16 heures seulement. Comme c'était un vendredi, le CPQ obtint du cabinet de M. Lévesque l'autorisation de rendre public, sous embargo, vers 14 heures, le contenu du mémoire qui lui serait soumis, mais que, de toute façon, le premier ministre avait déjà entre les mains depuis au moins une semaine. En 1979, convoquer la presse un vendredi soir, vers 17 heures, n'était pas plus voué au succès que ce ne l'est aujourd'hui... du moins quand il s'agit d'un dossier comme celui-là!

Or, le CPQ tenait, dans ce dossier comme dans tous les autres, à être très transparent dans les revendications qu'il transmettait au premier ministre. Il y eut donc une rencontre de presse vers 14 heures et les dirigeants du CPQ se rendirent ensuite chez M. Lévesque.

À 16 heures, heure convenue, le premier ministre n'était pas là... ni à 16 heures 30, ni à 17 heures, ni à 17 heures 15. Finalement, les représentants du CPQ décidèrent qu'ils quitteraient les lieux à... 17 heures 30.

Mais, à 17 heures 30, le premier ministre arriva et, de toute évidence, il était de mauvaise humeur. Nous avons rapidement appris la raison de cette mauvaise humeur : à la suite de la conférence de presse, un journaliste de la radio, s'inspirant du mémoire et de certains commentaires des porte-parole du CPQ, avait décerné à certains membres du cabinet Lévesque des prix citron et des prix orange. Cette «distribution de prix» était venue aux oreilles de M. Lévesque. Cela ne lui a pas plu, même si le journaliste (et non le CPQ) lui avait décerné à lui un prix orange...

La réunion démarra de façon très tendue et dans un nuage de fumée. Inutile de le rappeler, la Loi anti-tabac du ministre Couillard n'existait toujours pas. Mais le ton changea rapidement après les explications réciproques et l'atmosphère devint rapidement conviviale. Ce fut d'ailleurs une bonne rencontre, très couverte après coup par les médias...

Il faut dire que ce genre «d'incident» où quelques médias en mettent parfois «plus que le client en demande» est arrivé régulièrement entre 1976 et 1981, et dans plusieurs dossiers. Ce qui a contribué à exacerber les relations entre le CPQ et le gouvernement Lévesque.
Mal nourris par une opposition libérale mal en point (entre le départ de M. Bourassa et l'arrivée de M. Ryan), plusieurs journalistes jouaient

alors vraiment un jeu : le CPQ était l'opposition quasi officielle en dehors de l'Assemblée nationale, et de nombreux coups lui étaient assénés, sans qu'il puisse s'exprimer à l'Assemblée nationale...

C'est à se demander, plusieurs années plus tard, si certains journalistes de l'époque n'ont pas alors contribué à rendre plus difficiles les relations entre le gouvernement et le CPQ, ou tout au moins, à présenter une image de droite du CPQ qui cadrait mal avec un gouvernement de gauche qu'ils n'avaient de cesse, quant à eux, d'encenser...

L'importance sociale et politique de l'après-référendum de 1980

• Chaque fois qu'il en avait l'occasion, le CPQ priait M. René Lévesque, lors de ce premier mandat, de tenir le référendum promis sur l'avenir politique du Québec le plus tôt possible. Objectif : passer à autre chose, le CPQ étant convaincu que la population québécoise n'était pas «indépendantiste» et que les affaires iraient mieux lorsque le référendum serait derrière nous.

Et il avait raison, comme le démontrent les données positives obtenues au moyen de sondages internes auprès des membres (entreprises) du CPQ avant et après le référendum du 20 mai 1980. La question posée, tout au cours de ces années, était toujours la suivante :

Quelle est votre évaluation de la situation actuelle au Québec, quant au contexte politique québécois :

Très bonne } Positif
Bonne

Passable   } Négatif
Mauvaise

La même question était posée relativement aux conditions économiques en général, aux conditions économiques sectorielles et au climat des relations du travail.

	Climat social positif	Climat politique positif
Juillet 1977	56 %	29 %
Juillet 1978	63 %	22 %
Juillet 1979	74 %	74 %
Juillet 1980	93 %	78 %

Comme quoi le CPQ n'avait pas toujours tout faux, comme le prétendaient alors certains!

CHAPITRE 5
Gouvernement de M. René Lévesque, 1981-1985, 2ᵉ mandat

13 avril 1981 au 20 juin 1985

Le 13 avril 1981, les Québécois réélisent le gouvernement du Parti québécois. M. René Lévesque est toujours à la barre.

Le Parti québécois obtient 80 sièges contre 42 pour les libéraux de M. Claude Ryan, ce qui ne reflète pas le vote populaire. La population est très divisée : le Parti québécois obtient en effet 49,3 % des votes, et les libéraux, presque autant, soit 46 %.

Dès le 30 avril, M. Lévesque procède à un remaniement d'envergure de son cabinet, où apparaissent de nouvelles personnalités, telles Mmes Pauline Marois, Denise Leblanc-Bantey et MM. Alain Marcoux, Jean-François Bertrand, Rodrigue Biron (ex-chef de l'Union nationale) et Raynald Fréchette.

Le CPQ, pour sa part, demeure attentif. Connaîtra-t-il un deuxième gouvernement péquiste aussi dédié à l'indépendance du Québec et à la social-démocratie que le précédent?

C'est l'attentisme à son meilleur : si le deuxième gouvernement péquiste doit être de la même mouture que le premier, ça n'augure pas bien!

Mais tel ne sera pas le cas. Le référendum sur l'indépendance du Québec est derrière nous et les résultats ont été clairs. Et on ne peut quand même pas légiférer tous les ans sur la langue, sur l'assurance automobile ou sur l'environnement. Autrement dit, les grands dossiers à caractère social-démocrate sont aussi derrière nous.

Ce qui ne veut pas dire cependant que ce fut l'amour fou. En effet, plusieurs dossiers ont fait l'objet de discorde.

Dans le dossier de la négociation sectorielle par exemple, de plus en plus mis de l'avant par certains syndicats, la FTQ notamment, et de plus en plus contestée par le CPQ, le gouvernement évite soigneusement de se mouiller même si, à l'évidence, cette proposition syndicale n'a aucun sens sur le plan économique.

Dans le dossier de la réforme des lois du travail, réalisée ou projetée, il n'y en a que pour les syndicats, qu'il s'agisse de modifications au Code du travail, à la Loi sur la santé et la sécurité du travail ou à toutes autres lois du travail.

Les contraintes relatives à la langue d'enseignement qui perdurent (tout le monde, ou à peu près, doit aller à l'école française) ou encore à l'affichage unilingue français, n'ont rien pour amadouer le patronat, qui ne comprend pas que le gouvernement refuse de se conformer à la décision de la Cour suprême qui a établi, en juillet 1984, que les restrictions québécoises quant à la langue d'enseignement ne sont pas légitimes, raisonnables ni même... constitutionnelles.

Et plusieurs autres dossiers furent contentieux : l'interventionnisme de l'État; la reconnaissance du bout des lèvres de l'école privée; le projet défendu âprement par le gouvernement visant à faire prélever les cotisations patronales à la Commission de la santé et de la sécurité du travail par le ministère du Revenu (une proposition administrative probablement mal expliquée, puisqu'elle a été acceptée par les employeurs en 2009); l'incompréhension des problèmes éprouvés par le patronat en matière de lois du travail avec la mise sur pied d'une commission consultative qui fera la tournée du Québec alors qu'on savait fort bien que les syndicats s'y présenteraient en masse, ce que ne pouvait faire le patronat. Les revendications de ce dernier concernant le Code du travail et la Loi anti-briseurs de grève étaient pourtant déjà très bien connues.

Pour ce qui est de cette dernière loi, le gouvernement n'a manifesté aucune, mais vraiment aucune ouverture! Même s'il n'a jamais pu démontrer qu'elle avait eu des effets positifs sur les relations du travail au Québec, alors qu'au contraire, elle brimait des droits fondamentaux de l'entreprise, comme celui de la jouissance de son droit de propriété, le gouvernement ne bougea pas d'un iota.

Rappelons certains fait : en 1984, le CPQ tente le tout pour le tout en s'adressant au procureur général du Québec, M. Pierre Marc Johnson, pour lui demander de faire vérifier la constitutionnalité de la Loi anti-briseurs de grève par la Commission des droits de la personne. Il refuse, ce que le CPQ avait prévu. Le CPQ engage donc lui-même en Cour supérieure, dès le 23 juillet de la même année, une procédure visant à amener la Cour à statuer que les dispositions de cette loi «violent l'article 1 de la Charte canadienne des droits et libertés de la personne, relativement au droit de propriété et au libre usage de ses biens».

Le 8 octobre 1984, cependant, le gouvernement du Québec décide de contester la légitimité du CPQ pour débattre de cette question au nom des intérêts des employeurs québécois et de l'économie québécoise dans son ensemble. Alors que le CPQ pensait participer à un débat de fond sur la constitutionnalité des dispositions anti-briseurs de grève, voilà qu'il se retrouve, à cause de l'intervention du gouvernement, avec un tout autre dossier sur les bras ! Qu'à cela ne tienne, le CPQ n'abandonne pas et poursuit ses démarches juridiques.

En novembre 1984 : premier échec. La Cour supérieure ne reconnaît pas au CPQ un intérêt suffisant pour qu'il représente ses membres devant les tribunaux en matière constitutionnelle. Quatre ans plus tard, deuxième échec : la Cour d'appel confirme la décision de la Cour supérieure. Le CPQ s'adresse alors à la Cour suprême : il lui paraît impossible, en effet, qu'on ne lui reconnaisse pas le droit de représenter ses membres devant les tribunaux en matière constitutionnelle, bien sûr.

Le CPQ obtiendra gain de cause sept ans plus tard, en décembre 1991. Après avoir accepté la demande du CPQ d'être entendu devant elle, dans une décision unanime et rendue sur le banc, énoncée dans un seul paragraphe, la Cour suprême a reconnu au CPQ le droit fondamental de contester la constitutionnalité des lois et des règlements qui touchent ses membres. Pour le CPQ, il s'agit d'une grande victoire! En fait, c'est une grande victoire pour toutes les associations, patronales ou non, qui peuvent désormais, en matière constitutionnelle, soutenir une action en justice au nom de leurs membres.

Mais la question se posait toujours, treize ans après la sanction de la loi de 1978 : le CPQ utiliserait-il le droit qui venait de lui être reconnu pour retourner devant les tribunaux et recommencer la contestation, sur le fond, des dispositions anti-briseurs de grève prévues au Code du travail?

La décision fut difficile et longue à prendre. Le CPQ décida finalement de ne pas retourner devant les tribunaux, même s'il en avait obtenu la permission de la Cour suprême. Non pas parce qu'il ne croyait plus à sa cause, mais parce qu'il lui aurait fallu recommencer tout le processus judiciaire pour obtenir une décision probablement treize ans plus tard, soit vingt-six ans après la sanction de la loi!

Les décisions prises dans ce dossier par le gouvernement péquiste entre 1978 et 1984 ont laissé pour toujours un goût amer aux patrons québécois...

⚜ ⚜ ⚜

Heureusement cependant, et contrairement à l'époque du premier gouvernement péquiste (1976-1981), le CPQ eut l'occasion à maintes reprises d'appuyer le gouvernement, et ce même si ce n'était pas toujours bien vu par certains entrepreneurs, et même par certains syndicats, pour qui il s'agissait d'une collaboration «avec l'ennemi».

Ce fut le cas lorsque, au grand Sommet économique de Québec organisé par le gouvernement au printemps 1982, M. Lévesque annonça un « trou» de 700 millions de dollars dans les finances publiques. Comme employeur, expliqua-t-il alors, le gouvernement était dans la dèche. Non seulement ne pouvait-il pas accorder une augmentation salariale à ses travailleurs, mais il pensait même à diminuer leur salaire.

La réaction des syndicats est bien sûr très négative. Ils n'acceptent pas que «leur gouvernement» gèle ainsi leur salaire. Et ce n'est que bien plus tard, et très difficilement, qu'ils lui pardonneront, non seulement le gel annoncé, mais également la réduction de 20 % de leurs salaires. Quelques années plus tard, lors d'un colloque à l'UQAM sur l'héritage de M. Robert Bourassa, M. Fernand Daoust, un ex-président de la FTQ, admettait que cette décision du gouvernement péquiste avait amené de nombreux fonctionnaires à voter contre le Parti québécois en 1985, participant ainsi au retour du Parti libéral au pouvoir.

La réaction est cependant positive chez le patronat, et le CPQ offre son premier véritable appui au gouvernement Lévesque qui se trouve confronté à la même réalité que bien des entreprises, celle de refuser les augmentations salariales demandées et même de couper dans les acquis.

«Le gouvernement Lévesque comprendra mieux dorénavant les l'entreprises», ont alors dit bien des chefs d'entreprise.

D'autres appuis au gouvernement valaient, pour les ministres concernés, leur pesant d'or. Ce fut le cas au moment de la création du Conseil des services essentiels, réclamé à cor et à cri par le CPQ depuis des lunes; lors de la publication du document *Bâtir le Québec II*[5] par M. Bernard Landry, même si le CPQ mit alors en doute les coûts du programme proposé et exprima plusieurs réserves; lors de l'annonce de projets de relance de la formation professionnelle; et lors de l'annonce de l'analyse économique obligatoire de tout nouveau projet de règlement, de quelque nature qu'il soit.

Et le CPQ a également appuyé le gouvernement de M. Lévesque lorsqu'il a dit NON à l'idée d'imposer le pourboire obligatoire au Québec; lorsqu'il a déclaré son intention de revoir la fiscalité québécoise, une fiscalité trop lourde, admettait-il; lorsqu'il a reporté la réforme de la Loi sur la santé et la sécurité du travail de M. Pierre Marois, initiée en 1980, réforme que le patronat trouvait trop tiède. Et en d'autres occasions encore.

On était ici en présence d'un gouvernement qui, tout en demeurant social-démocrate, se préoccupait beaucoup plus d'économie que pendant son premier mandat, qui comprenait de plus en plus les problèmes de l'entreprise privée, car il y était lui-même confronté, et qui, sans oublier ses amis syndicaux, se rapprochait de plus en plus du patronat.

On ne pourrait parler d'amour patronal-gouvernemental, l'article 1 du programme du Parti québécois étant toujours d'accéder à l'indépendance du Québec. Mais les relations entre le CPQ et le gouvernement, d'acrimonieuses qu'elles étaient durant le premier mandat, sont devenues moins conflictuelles et généralement correctes.

Quant au respect que le CPQ et la communauté des affaires en général portaient à M. Lévesque lui-même, il ne s'est pas démenti pendant le deuxième mandat. En désaccord souvent, très souvent, avec le premier ministre, le CPQ n'en avait pas moins une image très positive. Il a d'ailleurs sympathisé avec lui au moment de ses déboires lors du rapatriement de la Constitution.

Et lorsque, le 19 novembre 1984, il a annoncé son intention de mettre en veilleuse l'option indépendantiste du Parti québécois pendant la campagne électorale de 1985, le CPQ d'applaudir... et bien des péquistes de maugréer...

PLUS + + +
✦ Confusion bien entretenue

Le deuxième gouvernement de M. Lévesque avait trouvé un moyen efficace, croyait-il, de contrer les analyses du CPQ, pas toujours très « louangeuses » à son endroit.

Ayant fortement encouragé la création d'un groupe de chefs d'entreprise péquistes, le Conseil des hommes d'affaires du Québec (CHAQ) (devenu plus tard le Conseil des gens d'affaires du Québec [CGAQ]), M. Lévesque (ou certains de ses ministres) incluait automatiquement des représentants du Conseil dans les délégations de chefs d'entreprise qu'il composait (mini-sommets, sommets, tables de consultation, etc.). Il leur donnait presque autant de visibilité qu'au CPQ ou qu'à la Chambre de commerce du Québec.

Et les représentants du CGAQ d'encenser le gouvernement et de contredire les idées avancées par le CPQ et par la Chambre, au grand plaisir du gouvernement qui ne faisait qu'entretenir la confusion entre les groupes patronaux.

Mais « la plaisanterie » n'a pas duré. Appelé à s'identifier vraiment, à donner le nombre et le nom de ses membres, à rendre publics ses règlements, en somme à révéler sa véritable identité et sa représentativité, le Conseil des gens d'affaires du Québec a toujours refusé.

Il arriva ce qui devait arriver : peu transparent, peu notoire, peu crédible souvent, le CGAQ disparut en sourdine de la scène patronale et plus personne n'en parla vraiment.

◆ Question de pouvoir dans la société

Tout au cours des trente années ici analysées, le CPQ a demandé à la firme CROP de poser la question suivante à la population : «À qui doit-on donner le plus de pouvoirs au Québec? Aux syndicats ou aux entreprises privées?»

La réponse obtenue à cette question en décembre 1983, une date qui est à peu près à mi-chemin des trente ans que nous étudions ici, est la suivante :

- plus de pouvoirs aux syndicats : 8 %
- plus de pouvoirs aux entreprises privées : 61 %

Bien sûr, nous avons fait connaître ces résultats au gouvernement de M. Lévesque à qui nous demandions constamment de revoir les lois du travail jugées trop prosyndicales et de permettre aux entreprises privées de respirer davantage en leur donnant plus de pouvoirs.

Le problème, c'est que les mêmes sondages démontraient alors que seulement 10 % des Québécois étaient d'accord pour donner plus de pouvoirs aux gouvernements.

Constatant cela, le gouvernement n'était certainement pas enclin à en donner plus aux entreprises, comme le souhaitait pourtant la population.

Ce qui explique probablement en grande partie le déséquilibre patronal-syndical dans les lois et dans les règlements du travail, à l'avantage des syndicats, qui dure depuis des décennies au Québec.

◆ Un ministre du Travail péquiste à la défense des entreprises

Un des coûts importants pour les entreprises d'hier comme d'aujourd'hui, est la cotisation annuelle à la Commission de la santé et de la sécurité du travail (CSST). Au début des années 1980, à la suite de la réforme Marois (Pierre) du système de santé et de sécurité du travail, certaines cotisations, dans certains secteurs, ont augmenté de façon presque exponentielle.

À chaque réforme s'ajoutaient toujours des coûts, ce qui avait le don d'indisposer bien des chefs d'entreprise et pour effet de nuire au bon fonctionnement de leur entreprise.

C'est ainsi que, lors d'un projet de réforme de la loi en 1985, péquistes et libéraux s'entendirent comme larrons en foire en Commission parlementaire pour ajouter, d'un seul coup, 50 millions de dollars à son application, par un simple amendement!

Et quel amendement? Permettre à un travailleur que la CSST aurait refusé d'indemniser, de recevoir quand même des indemnités jusqu'à ce qu'un tribunal d'appel ait rendu une décision finale quant à la réclamation. (Dans presque tous les cas, à l'époque, cela aurait voulu dire deux ans de paiements, souvent irrécupérables, si le tribunal d'appel avait maintenu la décision de la CSST!)

Heureusement, malgré l'opinion des députés libéraux et péquistes présents à la Commission parlementaire, le ministre du Travail, M. Raynald Fréchette (qui fut ensuite nommé juge), trouva que l'amendement n'avait pas d'allure...

Ce qui valut à M. Bourassa, alors chef de l'opposition, une lettre du CPQ lui signifiant (pour une rare fois, mais pour une fois quand même...) que les péquistes défendaient parfois mieux les intérêts de l'entreprise que les libéraux...

◆ Le président du CPQ : un marxiste-léniniste patronal, selon Gérald Larose (CSN)

En janvier 1985, le nouveau ministre des Finances, M. Yves Duhaime, député de Saint-Maurice, présente un livre blanc sur la fiscalité qui n'impressionne pas le CPQ. Mais, souligne ce dernier, «il soulève quantité de questions qui risquent de provoquer d'<u>excellents</u> débats» (10 janvier 1985).

Notamment, le CPQ constate que le livre blanc ne touche pas aux frais de succession, ne s'intéresse qu'aux contribuables à bas revenus, et donc ne prend pas en compte la fiscalité des hauts salariés, trop élevée et contre-productive (ce que plusieurs études confirmeront plus tard). Mais le président de la CSN, M. Gérald Larose, ne voit pas le livre blanc du même œil, ce qui est son droit le plus strict. Et il critique publiquement M. Duhaime pour avoir recommandé que les bénéficiaires de l'aide sociale de moins de trente ans subissent des tests médicaux pour démontrer s'ils sont ou non aptes au travail.

Et M. Larose de tout confondre : la fiscalité des hauts salariés et d'éventuelles exigences pour les assistés sociaux aptes au travail.

C'est alors que M. Larose fait cette analyse on ne peut plus déconnectée des propos du président du CPQ : «Ghislain Dufour réagit au livre blanc de M. Duhaime comme un marxiste-léniniste patronal*».

M. Duhaime a dû en rire à s'en fendre les lèvres. Il avait réussi, sans le vouloir, à faire affubler le président du CPQ du surnom de «Karl Marx patronal»! Les administrateurs du CPQ, en tout cas, se sont bien bidonnés.

⚜ ⚜ ⚜

Un peu plus tard, toujours au début de 1985, M. Duhaime organise une consultation conjointe avec le CPQ et la CSN pour connaître leurs attentes en vue de son budget d'avril.

L'accueil de M. Duhaime est chaleureux et les porte-parole du CPQ expriment clairement leurs attentes appuyées notamment sur ce qui se passe en Ontario et en Alberta.

La CSN n'a pas de demandes précises, mais s'oppose plutôt aux demandes du CPQ. Puis, dans un geste magistral, l'économiste en chef de la CSN présent à la rencontre sort sa carte de crédit de son portefeuille, sous l'air médusé du président Larose, et l'offre aux deux

---

* Le Journal de Montréal, 16 janvier 1985.

représentants du CPQ pour qu'ils s'achètent un billet d'avion pour Toronto ou Edmonton, à leur choix, mais un billet «aller» seulement... «Vous serez si bien », ajoute-t-il.

M. Duhaime n'a pas apprécié (nous non plus!) ce genre de «dialogue», et il a dit simplement qu'il comprenait maintenant un peu mieux pourquoi les relations patronales-syndicales étaient parfois difficiles au Québec...

Le CPQ a par ailleurs bien accueilli le budget de M. Duhaime du 23 avril 1985. M. Duhaime y abolissait notamment les droits successoraux, une demande de longue date du CPQ, ainsi que l'impôt sur les dons.

CHAPITRE 6
Gouvernement de M. Pierre Marc Johnson, 1985

3 octobre 1985 au 2 décembre 1985

Le 19 novembre 1984, M. René Lévesque annonce son intention de mettre en veilleuse l'option indépendantiste de son parti lors de la prochaine campagne électorale.

Violente réaction à cette annonce, notamment de Denise Leblanc-Bantey, Louise Harel, Jacques Parizeau, Jacques Léonard, Camille Laurin, Gilbert Paquette, Denis Lazure. Certains quittent le cabinet, certains démissionnent ou deviennent indépendants. D'autres quittent après le congrès du Parti québécois du 18 janvier 1985, où M. Lévesque fait confirmer sa position de novembre 1984.

Difficile de diriger le Parti québécois et le Québec dans les circonstances! M. Lévesque démissionne donc de la présidence du Parti québécois en juin, et de ses postes de premier ministre et de député de Taillon à la fin de septembre 1985.

M. Lévesque est alors remplacé par M. Pierre Marc Johnson qui sera premier ministre du Québec du 3 octobre au 2 décembre 1985, soit environ deux mois.

Compte tenu de cette brève période, les échanges furent peu nombreux entre le gouvernement Johnson et le CPQ.

En fait, nous ne retenons qu'une seule véritable prise de position du CPQ, tant à l'égard du gouvernement fédéral que du gouvernement du Québec, pendant l'intérim de M. Johnson. Et encore, cette position n'était pas nouvelle et se voulait plutôt un rappel de la position du CPQ dans le dossier de l'Accord de libre-échange entre le Canada et les États-Unis (ALE). «Parce qu'il est indéniable qu'une plus grande libéralisation des échanges entraînerait, selon les modalités retenues, des retombées économiques positives, le CPQ appuiera les efforts déployés pour libéraliser davantage encore les échanges entre le Canada et les États-Unis, lorsque nécessaire cependant sur une base sectorielle, et même dans certains cas, sur la base de produits, et toujours selon des échéanciers qui tiendront compte des besoins d'ajustement de nos entreprises.»

Cette prise de position s'adressait peut-être même davantage au nouveau ministre des Finances du gouvernement Johnson, M. Bernard Landry, qui avait toujours été reconnu comme un ardent libre-échangiste, d'abord dans le cadre de l'ALE et plus tard, dans le cadre de l'ALENA (Accord de libre-échange nord-américain). La situation difficile dans laquelle se trouvait M. Johnson face à ce qui se passait au sein du Parti québécois (démissions, abandons, pieds de nez au parti, certains députés péquistes devenant même indépendants), l'a conduit à choisir quatre personnes non élues pour accéder au cabinet, soit Mmes Louise Beaudoin, Lise Denis et Rolande Cloutier et M. Jean-Guy Parent.

Les relations entre le CPQ et le gouvernement Johnson sont donc difficiles à qualifier. En fait, il n'y en a eu que peu... Le CPQ s'employait plutôt à cette époque à intervenir auprès du gouvernement fédéral à l'occasion d'une des nombreuses réformes du régime de l'assurance-chômage et à l'égard du déficit fédéral trop élevé.

En somme, pas de conflits avec M. Pierre Marc Johnson, pas de véritables interpellations, mais pas de déclarations d'amour non plus...

M. Johnson sera battu par les libéraux, le 2 décembre 1985.

PLUS + + +
◆ Pierre Marc Johnson rassurant
Alors qu'il se préparait à assumer la succession de M. René Lévesque comme premier ministre du Québec en 1985, un important discours de M. Pierre Marc Johnson, alors ministre de la Justice, devant 300 gens d'affaires réunis au Ritz Carlton, les avait rassurés.

M. Johnson avait déclaré notamment :
- ❖ qu'avant de distribuer la richesse, il faut la créer;
- ❖ que l'État doit d'abord faire son propre ménage et arrêter de penser que hors de lui, il n'y a point de salut;
- ❖ qu'il faut accroître la productivité de l'économie québécoise pour résister à la concurrence internationale et créer de l'emploi;
- ❖ que l'État doit «faire plus sans que cela ne coûte plus cher». Il doit surtout devenir un partenaire plutôt qu'un empêcheur de tourner en rond;
- ❖ que les niveaux de taxation ont atteint leurs limites au Québec et qu'il faut envisager leur allègement[**].

[**] DAVID, Michel. *Le Devoir*, 6 septembre 1985.

Pas étonnant que les relations du CPQ avec M. Johnson lors de son court mandat, n'aient fait aucune flammèche. Le CPQ et M. Johnson se rejoignaient sur beaucoup de sujets.

À noter par ailleurs, selon M. David toujours, que dans cet important discours au Ritz Carlton, M. Johnson n'a d'aucune façon parlé de souveraineté.

◆ Contrastes politiques

Le 5 mai 1987, alors qu'il est le chef de l'opposition officielle, M. Pierre Marc Johnson se prononce contre l'Accord du lac Meech qu'il surnomme le «monstre du lac Meech».

Le 14 mai, quelques jours plus tard, M. Pierre Elliott Trudeau, ex-premier ministre du Canada, se prononce également contre l'Accord du lac Meech. Pour lui, les concessions faites au Québec sont trop importantes et mèneront, à plus ou moins long terme, à la sécession de la province[*].

L'ex-premier ministre libéral du Canada et l'ex-premier ministre péquiste du Québec (devenu par la suite le chef de l'opposition officielle au Québec), tous les deux du même bord! Les centrales syndicales québécoises s'opposent également à l'Accord, bien sûr.

Pour sa part, le CPQ se dissocie de l'un et de l'autre, le 21 du même mois et déclare : «Le CPQ exprime sa satisfaction de ce que l'entente du lac Meech puisse contribuer positivement à solutionner la question constitutionnelle au Canada et à faire progresser le Québec à l'intérieur de la Confédération canadienne.»

Le CPQ défendit tous azimuts cette proposition jusqu'en juin 1990, moment où l'entente devait être signée par l'ensemble des provinces. Malheureusement, l'Accord ne fut pas ratifié!

---

[*] VASTEL, Michel. *Lucien Bouchard:en attendant la suite*, Outremont, Éditeur Lanctôt, 1996.

Et pour une première fois dans l'histoire du CPQ, en juillet 1990, de nombreux membres fédéralistes exprimeront, dans un sondage interne, et bien sûr confidentiel, leur insatisfaction à l'endroit du fédéralisme à la suite de la non-ratification de Meech.

Cependant, tout reviendra rapidement à la normale. Mais certains ne pardonneront jamais aux Elijah Harper (Manitoba), Clyde K. Wells (Terre-Neuve) et Pierre Elliott Trudeau de ce monde d'avoir «enterré» l'entente.

◆ Un ministre du Travail qui savait bien s'entourer

On le soulignait au chapitre IV, M. Pierre Marc Johnson, avocat et médecin, devenu premier ministre du Québec en 1985, savait de quoi il parlait en matière de travail quand il remplaça M. Jacques Couture en 1977.

Mais on peut mentionner également qu'il avait du flair pour le choix de son entourage politique. Son chef de cabinet, sur lequel le CPQ pouvait toujours compter, n'était nul autre que M. Raymond Bachand, devenu député libéral d'Outremont en 2005, ministre du Développement économique, de l'Exportation et de l'Innovation en 2006 et ministre des Finances en 2009. Sa vaste expérience des questions économiques en faisait un ministre tout désigné. Mais son «expérience politique», il l'a acquise avec M. Pierre Marc Johnson.

CHAPITRE 7
Gouvernement de M. Robert Bourassa, 1985-1989, 3ᵉ mandat

2 décembre 1985 au 25 septembre 1989

Revenu d'Europe après y avoir séjourné quelques années à la suite de sa défaite de 1976 et redevenu chef du Parti libéral le 15 octobre 1983, M. Robert Bourassa mène les troupes libérales à la victoire le 2 décembre 1985. Le Parti libéral fait alors élire 99 députés et les péquistes 23. Mais M. Bourassa est cependant battu dans le comté de Bertrand. Il sera élu dans Saint-Laurent, le 20 janvier 1986.

C'est avec beaucoup d'espoir que le CPQ accueille le troisième gouvernement libéral de M. Bourassa, signalant «que l'ensemble de la machine gouvernementale tourne au ralenti depuis maintenant plus d'un an, et qu'avec le mandat clair et sans ambiguïté qu'il a reçu, le gouvernement pourra rapidement se remettre en marche et s'attaquer aux nombreux dossiers, économiques notamment, qui l'attendent».

Le CPQ se réjouit également du fait que plusieurs des nouveaux élus proviennent du monde des affaires (Pierre Fortier, Pierre MacDonald, Paul Gobeil, Louise Robic, André Vallerand, Robert Dutil, notamment), ce qui, selon lui, permettra une meilleure compréhension gouvernementale des problèmes soulevés par le patronat.

Les premiers énoncés de principes du gouvernement le confortent d'ailleurs à cet égard. Il était doux aux oreilles du CPQ d'entendre des phrases du genre : «moins d'État et plus de place à l'initiative privée», ou encore «faire faire, au lieu de tout faire».

Mais c'est dans l'action concrète que le gouvernement Bourassa, lors de son troisième mandat, a surtout «charmé» le CPQ. Il y eut d'abord la privatisation de toute une série d'entreprises, dont la Raffinerie de sucre de Saint-Hilaire, Quebecair et Madelipêche inc. Il y a eu ensuite le rapport Scowen (Reed) sur la déréglementation gouvernementale et le rapport Gobeil (Paul) sur l'organisation gouvernementale qui ont pleinement satisfait le CPQ au moment de leur publication, mais qui n'ont pas nécessairement eu toutes les suites attendues. Bien des recommandations, surtout en matière de déréglementation, sont en effet restées sur la table...

Bien d'autres dossiers ont également reçu l'aval du CPQ. C'est le cas de l'Accord du lac Meech[8] de mai et juin 1987; de l'importante entente de décembre 1986 entre l'État et les syndicats des secteurs public et parapublic, sans affrontement; de l'attention accordée par le ministre de l'Éducation, M. Claude Ryan, à toutes les questions de la formation professionnelle; de la levée du moratoire sur l'ouverture de nouvelles écoles privées.

Bien sûr, la gestion d'autres dossiers a déplu au CPQ. Malgré sa satisfaction générale à l'endroit des dossiers énumérés ci-dessus, le CPQ aurait souhaité que le gouvernement allège le fardeau fiscal des particuliers et des entreprises; qu'il modifie en profondeur la réforme Marois (Pierre) du début des années 1980 en matière de santé et de sécurité du travail, devenue un boulet financier très difficile à porter pour la majorité des entreprises; qu'il renonce à mettre sur pied une nouvelle Commission des relations du travail (CRT) pilotée par le ministre du Travail, M. Pierre Paradis, qui n'était pas vue par le CPQ comme une façon d'assainir le climat des relations du travail. Habile stratège, le premier ministre Bourassa a cependant donné raison au

CPQ et à M. Paradis dans ce dossier. Il m'avait d'ailleurs personnellement prévenu de la stratégie qu'il entendait utiliser lors d'un des nombreux appels téléphoniques qu'il nous faisait, à Louis Laberge et à moi (et sûrement à bien d'autres), à notre domicile peu après minuit quand il avait pris connaissance des journaux du jour.

Selon mon bon souvenir, il se devait, selon lui, de donner suite à la proposition de son ministre, d'autant que l'opposition péquiste n'était pas, ce qui était de bonne guerre, en faveur de la proposition Paradis. Le projet de loi créant la nouvelle Commission des relations du travail serait donc éventuellement adopté par l'Assemblée nationale. Pour nous satisfaire cependant, la loi ne serait pas immédiatement promulguée et il en informerait les parlementaires, ce qui nous donnerait le temps d'en digérer le contenu.

Et la «loi Paradis» fut adoptée par l'Assemblée nationale et sanctionnée par le lieutenant-gouverneur, mais non promulguée. En fait, ce n'est que plusieurs années plus tard, en novembre 2002, donc bien après le départ de M. Bourassa et sous un gouvernement péquiste, que la loi, révisée, sera promulguée.

Notons également certaines positions du gouvernement auxquelles s'opposait le CPQ : le maintien du gel des frais de scolarité universitaire; sa position linguistique sur la langue d'affichage qui a conduit d'ailleurs à la démission de trois membres anglophones importants du Conseil des ministres (dont celle de M. Herbert Marx qui avait été élu en 1979 dans D'Arcy-McGee avec 96 % des voix!); l'utilisation de la clause nonobstant pour contrer une décision de la Cour suprême en matière d'affichage, et ce, même si son utilisation est tout à fait constitution-nelle; le dossier défendant la coloration de la margarine, un dossier rudement piloté par l'Union des producteurs agricoles (UPA) qui y voyait une attaque directe contre la production du beurre (un dossier qui prendra fin en juillet 2008 lorsqu'un gouvernement libéral toujours, permettra à nouveau la coloration de la margarine... sans que l'UPA ne refasse cette fois de véritable bataille); etc.

En résumé, les relations entre le CPQ et le troisième gouvernement Bourassa furent, à vrai dire, presque excellentes, malgré d'importants nuages occasionnels.

Ces relations étaient d'ailleurs «qualifiées» comme telles non seulement par les dirigeants du CPQ, mais par les membres eux-mêmes.

Un an et demi en effet après l'arrivée au pouvoir de M. Bourassa, ils lui attribuaient toujours, lors des sondages semestriels du CPQ, une note de satisfaction de... 89 %; de 87 % deux ans et demi plus tard; de 70 %... à la toute veille des élections de septembre 1989. Excellents résultats!

Une des raisons principales de ces bons résultats pendant son troisième mandat fut certes «l'acharnement» du premier ministre et de son Conseil des ministres, à parler économie, économie, économie, comme il l'avait fait lors de son premier mandat. Et, heureusement pour M. Bourassa et son gouvernement, même si le dossier constitutionnel était toujours au programme, il n'a pas créé les grands remous de 1980 et ceux qui viendraient plus tard.

C'est avec cette situation en fond de scène que M. Bourassa déclenche des élections générales pour le 25 septembre 1989.

PLUS + + +
♦ L'affichage commercial bilingue : le CPQ au sein de la tourmente
Quels que soient les ministres québécois responsables de l'application de la Charte de la langue française, de M. Camille Laurin à Mme Louise Beaudoin, en passant par M. Claude Ryan, le CPQ a toujours plaidé en faveur de l'affichage commercial bilingue. Et, fort de l'appui de l'opinion publique québécoise d'alors à cet égard, il l'a toujours proclamé haut et fort.

Ce qui n'a pas été cependant sans lui valoir un certain nombre d'inconvénients : menaces, lettres anonymes, lettres pleines de «poudre», etc. Ce qui non seulement dérangeait le personnel, mais le rendait même craintif, parfois.

C'est ce qui est arrivé un certain matin de décembre, quelques jours avant Noël : un messager se pointe à la réception du CPQ, y dépose rapidement un colis dans un coin sans demander un accusé de réception et quitte rapidement les lieux sans dire un mot...

Inquiète, la réceptionniste ne touche pas au colis et m'informe qu'elle ne se sent pas à l'aise, avec raison. Or, il se trouve que ce matin-là, au moment où la réceptionniste m'informe de ce qui se passe en entrebâillant légèrement la porte de mon bureau, je suis en entrevue avec M. Michel Morin de Radio-Canada, qui fait un bilan de fin d'année avec moi et me parle justement de la langue d'affichage. Il flaire rapidement la belle affaire et demande aussitôt à son cameraman d'aller photographier le colis sous tous ses angles.

Puis, branle-bas de combat. L'inquiétude gagne tout le monde. Personne ne veut toucher au colis. Pas plus M. Morin que les autres... Le Service de sécurité de l'édifice est avisé et on nous demande de quitter le bureau.

Le Service de police municipal prend le dossier en main. Et c'est là que les choses se précipitent. Les policiers de l'unité spéciale arrivent en grand nombre, vêtus de leurs habits pare-bombe et équipés de tous les appareils de désamorçage possibles. Ils croient que le colis est peut-être piégé pour faire payer au CPQ sa position en faveur de l'affichage commercial bilingue.

L'édifice est évacué, la rue University bloquée et les pompiers arrivent sur place.

Deux heures durant, les policiers et leur robot travailleront à «maîtriser» le colis...

Voici le résumé de l'histoire qu'on pouvait entendre le soir même à la télévision de Radio-Canada, accompagné d'excellentes photos du colis : «Un colis suspect a été déposé aujourd'hui au Conseil du patronat du Québec. Les policiers n'ont pris aucun risque : ils ont détruit le colis, mais il n'était pas piégé. Tout au plus contenait-il du foie gras et deux bonnes bouteilles de vin, un souvenir de Noël au CPQ de la part d'un hôtel bien connu de Montréal où il tient régulièrement ses colloques.»

Réaction de l'auteur : Quel gâchis gastronomique! En fait, une nouvelle sur une non-nouvelle...

Pour mieux comprendre cette anecdote, il faut savoir que le CPQ n'avait jamais reçu de menaces d'hurluberlus ni même de commentaires vraiment désagréables lorsqu'il avait été question du dossier constitutionnel. Comme si, en ce domaine, tout le monde respectait mutuellement les opinions des autres.

Tel n'était pas le cas dans le dossier de la langue. Les réactions étaient très fortes parfois, et c'était presque toujours le cas dans le dossier de l'affichage commercial bilingue. Difficile à comprendre!

Mais à partir de cet incident, et pour quelque temps, tous les appels téléphoniques relatifs à la langue furent enregistrés, l'interlocuteur en étant informé, et les enregistrements transmis au Service de police du quartier, à sa demande...

♦ La margarine : le CPQ «frotte les oreilles» au ministre Pagé

Normand Girard, excellent journaliste et «monument» du Journal de Québec, fit état le 18 août 1987, d'une lettre du CPQ concernant le dossier de la margarine adressée à M. Michel Pagé, alors ministre de l'Agriculture. Il analysait ainsi : «Le CPQ affirme que le projet de coloration de la margarine est un mauvais projet, notamment en ce qu'il ajoute à la réglementation actuelle que par ailleurs le gouvernement veut alléger, et intervient dans le fonctionnement des libres forces du marché alors même que le gouvernement libéral est un chaud partisan du libre marché. Bien plus, cette coloration n'est pas réclamée par les consommateurs, qui n'ont pas à être pris, selon un morning man, pour des tatas et qui sont capables de faire la distinction entre de la margarine jaune et du beurre jaune.»

Et M. Girard concluait le résumé de la lettre de la façon suivante : «Notre appui à l'actuel gouvernement libéral ne signifie cependant pas, dit le CPQ, que nous ne remplirons pas notre rôle de critique de certaines activités, orientations ou programmes gouvernementaux lorsqu'il est utile de le faire. Notre appui ne peut être inconditionnel et aveugle.[*]» Cette lettre et cette position du CPQ dans le dossier de la margarine sont on ne peut plus marginales. Mais elles décrivent bien que, quel que soit le gouvernement au pouvoir, le CPQ n'hésitait pas (et n'hésite toujours pas) à défendre ses membres, dans ce cas-ci l'Association des margariniers du Québec.

♦ Ovide Mercredi

Dans la foulée du rapport de la Commission Bélanger-Campeau (1991), le gouvernement fédéral décida, au début de 1992, d'organiser une série de conférences constitutionnelles de Halifax à Vancouver, pour discuter de l'ensemble du dossier constitutionnel au Canada, et plus particulièrement des débats ayant cours au Québec.

Je fus délégué par les gouvernements du Québec et du Canada pour participer à ces conférences.

Je dois dire que l'expérience fut des plus enrichissantes, notamment parce qu'elle me fit connaître davantage les enjeux du dossier constitutionnel au Canada, et me permit de mieux apprécier le Canada lui-même.

---

[*] GIRARD, Normand. *Le Journal de Québec*, 18 août 1987.

Mais j'avais une mission, un peu comme au hockey : répondre toujours et partout à l'argumentaire de M. Ovide Mercredi, alors chef fédéral de l'Assemblée des Premières Nations (APN), invité lui aussi à participer à ces conférences, qui refusait de reconnaître le Québec «comme société distincte».

Dur boulot! L'argument de M. Mercredi était en effet à peu près toujours le même : «Dites-moi, M. Dufour, en quoi les Premières Nations ne sont pas une société distincte? Pourquoi le Québec le serait-il et pas les Premières Nations?»

Les débats avec M. Mercredi, avocat spécialisé en droit constitutionnel, n'étaient pas faciles!

J'ai donc convenu d'une trêve avec lui, histoire, sans lui dire, de m'informer davantage auprès du Conseil privé, étant à la fin un peu embarrassé par l'argumentaire de mon vis-à-vis.

Malheureusement, ce briefing ne vint jamais, et mes débats avec M. Mercredi sur la société distincte se firent moins fréquents.

Mais M. Mercredi avait la mémoire longue. Un jour, plusieurs mois plus tard, alors que nous étions tous les deux invités à un colloque du Conseil canadien des chefs d'entreprise (CCCE) portant sur la Constitution, il vint me saluer au dîner en me lançant : «M. Dufour, comment va votre société distincte? La mienne va bien!

◆ À la défense de l'ALE

Un certain soir d'octobre 1988, au Palais des congrès de Montréal, certains syndicats organisent une soirée où partisans et opposants au projet d'Accord de libre-échange entre le Canada et les États-Unis (ALE) doivent s'affronter dans une joute oratoire à laquelle participera également la salle. Surprise pour plusieurs : les deux partisans favorables à l'Accord qui font front commun ce soir-là sont Ghislain Dufour du CPQ et Bernard Landry du PQ, contre notamment Jean Lapierre, le libéral fédéral de l'époque.

Certains n'en revenaient tout simplement pas qu'une telle alliance puisse exister!

Comme quoi les idées à défendre transcendent souvent les partis politiques et les organisations!

Louis Laberge et la loi 160 de Robert Bourassa (1986)

♦ À la demande du CPQ notamment, le gouvernement du premier ministre Bourassa adopte, le 11 novembre 1986, le projet de loi 160 mettant fin à une grève illégale dans les hôpitaux du Québec.

L'ex-président de la FTQ, décédé aujourd'hui, M. Louis Laberge, parle de la loi 160 «comme d'une bombe atomique pour couler une chaloupe*».

Même si M. Bourassa, la FTQ et le CPQ travaillaient régulièrement ensemble pour trouver des solutions à certaines questions épineuses, dont les relations du travail dans les secteurs public et parapublic, les tensions étaient souvent fortes entre les trois parties.

En fait, on peut dire sans se tromper que l'emprisonnement du chef syndical, M. Laberge (et de ses collègues MM. Marcel Pépin et Yvon Charbonneau), dans la foulée du conflit syndical à La Presse lors du deuxième mandat de M. Bourassa, n'a jamais aidé au rapprochement entre les deux hommes.

C'est plutôt lors de son quatrième et dernier mandat, de 1989 à 1994, que M. Bourassa consultera davantage la FTQ et le CPQ, habituellement après minuit, après sa lecture des journaux du jour, tentant de façon générale, pour le meilleur et pour le pire, de toujours prendre une décision en ayant les points de vue syndical et patronal.

Mail il ne fallait surtout pas parler à M. Laberge de la loi 160...

---

* *La Presse*, 12 novembre 1986.

LES 7 PREMIERS MINISTRES DU QUÉBEC DE 1969 À 1998

Jean-Jacques BERTRAND
Premier-ministre (Union nationale)
(1969-1970)

Robert BOURASSA
Premier-ministre (Parti libéral)
(1970-1973) (1973-1976)
(1985-1989) (1989-1993)

René LÉVESQUE
Premier-ministre (Parti québécois)
(1976-1981) (1981-1985)

Pierre Marc JOHNSON
Premier-ministre (Parti québécois)
(1985)

Daniel JOHNSON (fils)
Premier-ministre (Parti libéral)
(1994)

Jacques PARIZEAU
Premier-ministre (Parti québécois)
(1994-1996)

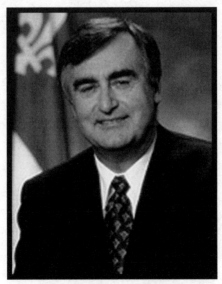

Lucien BOUCHARD
Premier-ministre (Parti québécois)
(1996-2001)

CHAPITRE 8
Gouvernement de M. Robert Bourassa, 1989-1993, 4e mandat

25 septembre 1989 au 14 septembre 1993

Le 25 septembre 1989, aux élections générales, le Parti libéral remporte la victoire avec 92 sièges, contre 29 pour le Parti québécois et 4 pour le Parti égalité (Equality Party).

M. Bourassa obtient donc un quatrième mandat. Cette fois encore, commentera le CPQ, «il s'agit d'un mandat clair, sans surprises et sous le signe de la continuité».

Ces quatre années du quatrième mandat de M. Bourassa seront très remplies et pleines de hauts et de bas. Et c'est finalement la maladie qui l'obligera à remettre sa démission le 14 septembre 1993, et qui aura finalement raison de lui le 20 octobre 1996.

Parmi les événements qui auront marqué positivement le quatrième mandat de M. Bourassa, on ne saurait oublier la ratification de l'Accord du lac Meech par l'Assemblée nationale du Québec, qui mourra cependant de sa belle mort, à cause notamment, comme on l'a déjà mentionné, de Clyde Wells de Terre-Neuve et de Elijah Harper du Manitoba, qui firent en sorte que l'entente ne fut pas ratifiée. À notre avis, cette entente nous aurait débarrassés des débats constitutionnels qui ont d'ailleurs continué depuis. M. Bourassa fut, dans ce dossier, avec l'ex-premier ministre canadien, M. Brian Mulroney, un des plus ardents défenseurs de cet Accord.

On se rappellera toujours cette phrase célèbre du 22 juin 1990 à l'Assemblée nationale, alors que M. Bourassa exprimait ainsi sa déception face à l'échec de l'Accord du lac Meech : «Le Canada anglais doit comprendre de façon très claire que, quoi qu'on dise et quoi qu'on fasse, le Québec est, aujourd'hui et pour toujours, une société distincte, libre et capable d'assumer son destin et son développement.»

Et le très fédéraliste CPQ, lui-même excessivement frustré par cet échec, sans toutefois renier sa foi dans le régime fédéral canadien, d'applaudir les propos de M. Bourassa. Après l'échec de l'Accord du lac Meech, selon une évaluation du contexte politique canadien conduite durant la deuxième quinzaine de juin auprès des membres corporatifs du CPQ, seulement 8 % des membres considéraient d'ailleurs que ce contexte était bon ou très bon, comparativement à 53 % à peine un an plus tôt... Les membres manifestaient ainsi leur désapprobation. Et il fallut un certain temps pour que leur bonne humeur fédéraliste revienne à la normale.

Le CPQ a également salué l'entente faite avec M. Jacques Parizeau (alors chef de l'opposition officielle) pour tenir une commission parlementaire élargie de l'Assemblée nationale sur l'avenir politique et constitutionnel du Québec qui donna naissance à la Commission Bélanger-Campeau[9] dont les travaux débutèrent le 6 novembre 1990. Le CPQ, dont un représentant (en l'occurrence l'auteur) participait à cette Commission qui sillonna le Québec durant plusieurs mois, était convaincu que les travaux de cette dernière ne pouvaient qu'être positifs. De fait, ils le furent : la Commission demanda au gouvernement fédéral de faire des propositions constitutionnelles aux Québécois, sur lesquelles ils se prononceraient par référendum; si les offres étaient rejetées, il y aurait subséquemment un référendum sur l'indépendance du Québec.

M. Bourassa, fort de ces deux recommandations, s'attela rapidement à la tâche de convaincre le gouvernement fédéral et les autres provinces de présenter des propositions constitutionnelles qui puissent satisfaire pleinement les Québécois.

Le CPQ appuiera avec force M. Bourassa dans ses démarches qui mèneront à l'Accord de Charlottetown du 22 août 1992. Le CPQ appuiera également l'Accord lui-même, qui fut cependant rejeté par 56,68 % des électeurs québécois, de même que par 54 % des électeurs du reste du Canada.

Bien que déçus des résultats du référendum, tant le premier ministre Bourassa que le CPQ ont dit les accepter démocratiquement et les «interpréter comme un rejet regrettable de l'entente et non pas comme un rejet du Canada».

Cet échec de l'Accord de Charlottetown conduira à la tenue d'un troisième référendum au Québec, le 30 octobre 1995, organisé cette fois par M. Jacques Parizeau devenu premier ministre le 12 septembre 1994. Nous y reviendrons au chapitre X.

Au-delà du dossier constitutionnel qui a beaucoup occupé les relations entre le CPQ et le gouvernement pendant ce quatrième mandat de M. Bourassa, bien d'autres décisions gouvernementales ont reçu l'aval du CPQ. Mentionnons celles-ci : un certain dégel des frais de scolarité universitaire; l'abandon, notamment à la suite des pressions patronales, du projet libéral de créer un Office québécois de la protection de l'environnement; son appui à l'Accord de libre-échange nord américain (ALENA); sa résistance aux tentatives répétées de certains groupes ultranationalistes d'imposer la francisation aux entreprises de moins de 50 employés; l'Accord Bourassa-Campbell (Mme Kim Campbell fut première ministre du Canada 133 jours) sur la formation professionnelle et le transfert des responsabilités en ce domaine au Québec. Ajoutons que le CPQ, et le patronat en général, ainsi que les centrales syndicales, ont donné un fier coup de pouce au gouvernement libéral dans ce dossier en faisant un lobbying tous azimuts à Ottawa.

D'autres dossiers, il va sans dire, n'ont pas reçu le même appui du CPQ. Ainsi, il a mis un certain temps avant de donner son accord à la création de la Société québécoise de développement de la main-d'œuvre (SQDM)[10] (aujourd'hui appelée la Commission des partenaires du marché du travail [CPMT]), pilotée à l'époque par le ministre André Bourbeau. Nous étions en désaccord non pas parce qu'il n'était pas nécessaire de créer une telle société, mais parce qu'elle était mal structurée et ne permettait pas aux organismes d'envergure provinciale, tel le CPQ, d'y être directement représentés. C'est en fait la ministre Louise Harel, ministre de l'Emploi et de la Concertation sous le gouvernement péquiste qui succéda au gouvernement de M. Bourassa, qui acceptera enfin les demandes structurelles du CPQ! Celui-ci pourra enfin se joindre au conseil d'administration de la SQDM...

Le CPQ n'accepta pas non plus que, dans son budget du 3 juin 1993, le respecté ministre des Finances, M. Gérard D. Lévesque, augmente rétroactivement (à partir du 1er janvier de la même année) les impôts des particuliers... Jamais on avait vu une telle mesure, que le CPQ qualifia de «légale sans doute, mais immorale». Et il demanda au gouvernement de faire ce que ferait n'importe quel citoyen qui ne pourrait demander une rétroactivité salariale à son employeur : «Coupez dans vos dépenses!»

Lors de ce mandat libéral, le CPQ s'opposa également aux taxes élevées sur le tabac, sur l'alcool et sur l'essence. À l'aide de quelques études fouillées, il démontra qu'elles étaient exagérées et qu'elles n'avaient qu'un objectif : enrichir les coffres de l'État. Et qu'en plus, des taxes élevées sur le tabac et sur l'alcool ne font qu'encourager la contrebande...

Beaucoup d'autres dossiers ont «chatouillé» le CPQ. Mentionnons les contraintes à la sous-traitance (qui ne seront levées, en partie, que sous le gouvernement libéral de M. Jean Charest, en 2003); la position surprenante du gouvernement voulant que, si 50 % + 1[11] des Québécois disaient OUI à l'indépendance du Québec, c'était suffisant pour en enclencher le processus (cette position allait à l'encontre de toutes les enquêtes réalisées auprès de la population qui exigeait un pourcentage beaucoup plus élevé, ce qu'appuyait pleinement le CPQ); une certaine réticence de M. Bourassa, à la fin de son mandat, à continuer de défendre le projet hydroélectrique de Grande-Baleine (ce qui justifiera le premier ministre Jacques Parizeau d'asséner le coup de grâce au projet lors de son arrivée au pouvoir en 1994); ou encore le fameux rapport Allaire dont il nous faut dire un mot.

À la suite de l'échec de l'Accord du lac Meech, le Parti libéral du Québec mit sur pied un comité interne dans le but de trouver un terrain d'entente avec le gouvernement fédéral en matière de questions constitutionnelles. Il en confia la présidence à un militant notoire du Parti, l'avocat Jean Allaire.

Publié durant les travaux de la Commission Bélanger-Campeau, le rapport Allaire (adopté plus tard en congrès par le Parti libéral) sema l'émoi chez la plupart des fédéralistes du Québec : il demandait purement et simplement l'autorité législative exclusive du Québec DANS 22 DOMAINES, allant de l'environnement à l'agriculture, en passant par toute une série de domaines à compétences constitutionnellement partagées entre le fédéral et le provincial. Interpellés par le CPQ pour savoir quels pouvoirs additionnels ils allaient bien pouvoir demander, le président Allaire et ses partisans ne surent que répondre : il les demandait en effet déjà presque tous, sauf peut-être le contrôle de l'armée et des relations internationales... du Canada! Ce qui a fait dire au CPQ que le rapport Allaire ne devait en aucune façon être considéré par le Canada anglais comme «un ultimatum». Il allait en fait beaucoup trop loin!

⚜⚜⚜

Quel jugement porter sur les relations entre le CPQ et M. Robert Bourassa au cours de ce quatrième mandat?

Bonnes, même très bonnes. Plusieurs sondages menés auprès des membres du CPQ durant cette période permettent en effet de conclure qu'ils estimaient grandement M. Bourassa, malgré certains désaccords importants.

En fait durant toutes ces années, de 1989 à 1993, bien assisté par son chef de cabinet, M. John Parisella, un homme effacé, mais efficace, diplomate, gentilhomme et ouvert au dialogue, M. Bourassa est toujours demeuré, parmi plusieurs leaders politiques, celui qui bénéficiait de la meilleure appréciation des entrepreneurs québécois.

Ainsi, les évaluations écrites obtenues pour cette période, au moyen de nos sondages internes, ont toujours confirmé M. Bourassa comme premier de classe.

Années	Représentants	% d'appui
1991	• Robert Bourassa	63 %
	• Brian Mulroney	43 %
	• Jacques Parizeau	40 %
	• Audrey McLaughlin	31 %
	• Lucien Bouchard	30 %
	• Jean Chrétien	27 %
1992	• Robert Bourassa	60 %
	• Brian Mulroney	53 %
	• Jacques Parizeau	35 %
	• Jean Chrétien	32 %
	• Lucien Bouchard	31 %
	• Audrey McLaughlin	29 %

1993		
	• Robert Bourassa	64 %
	• Kim Campbell	58 %
	• Jacques Parizeau	37 %
	• Jean Chrétien	35 %
	• Lucien Bouchard	31 %
	• Audrey McLaughlin	24 %

M. Bourassa a donc toujours été populaire auprès du CPQ et des gens d'affaires. Et même si son gouvernement pouvait parfois provoquer des crises «d'urticaire» dans certains dossiers (la rétroactivité de l'impôt des particuliers de M. Gérard D. Lévesque, par exemple), on ne lui en tenait pas tellement rigueur.

On reconnaissait chez lui sa grande intelligence, son courage, sa ténacité et sa finesse sur le plan économique.

Avec ce quatrième mandat, il a laissé un héritage politique extraordinaire au Québec.

La plupart des Québécois, du milieu des affaires notamment, et du CPQ plus particulièrement, garderont de lui l'image d'un homme politique passionné et chaleureux, d'un stratège redoutable et d'un travailleur acharné.

M. Robert Bourassa annonce sa démission comme premier ministre et chef du Parti libéral du Québec le 14 septembre 1993.

⚜ ⚜ ⚜

PLUS + + +
• **La divulgation de la rémunération des chefs d'entreprise inscrites à la Bourse de Montréal**
Le CPQ a toujours été opposé à la divulgation individuelle de la rémunération des dirigeants d'entreprises inscrites à la Bourse de Montréal,

pour toute une série de raisons, mais principalement parce que presque tout le monde se connaît au Québec et qu'il n'est pas toujours opportun d'étaler la rémunération des dirigeants du secteur privé sur la place publique. Il a toujours plutôt suggéré la divulgation de la rémunération globale des cinq dirigeants les mieux rémunérés, affirmant que cette information était suffisante pour les actionnaires.

Sous le Parti libéral de M. Robert Bourassa (des troisième et quatrième mandats), tant la Commission des valeurs mobilières du Québec que le gouvernement étaient généralement d'accord avec cette orientation (qui ne serait probablement plus la même en 2009... également pour toute une série de raisons).

À son retour au pouvoir en 1994, le Parti québécois fut cependant beaucoup plus «attiré» par le concept de la divulgation individuelle de la rémunération que par l'idée de la divulgation de la rémunération globale des cinq dirigeants les mieux payés.

Au début du mois de juin 1996, il demanda, à la Commission du budget et de l'administration de l'Assemblée nationale, de tenir des audiences sur cette question.

Le CPQ s'y présenta avec une petite délégation cette fois, mais qui pouvait compter sur un porte-parole compétent et... efficace. En effet, j'étais accompagné pour l'occasion par M. Robert Parizeau, président de Dale Parizeau Tremblay Assurances, qui avait une excellente connaissance de ce dossier et qui s'imposa pendant cette Commission parlementaire.

Il faut dire que M. Robert Parizeau, frère de l'ex-premier ministre, M. Jacques Parizeau et homme d'affaires très avisé, était en mesure de contrer tous les arguments avancés par les porte-parole péquistes.

Ce jour-là, devant des députés péquistes médusés, le CPQ a compté bien des points!

• Les lendemains du congrès libéral de 1991

Les gens d'affaires et les députés libéraux membres de la Commission Bélanger-Campeau furent absolument contrariés au lendemain du congrès libéral du 9 mars 1991 au cours duquel on avait adopté, presque sans modifications, le rapport Allaire *(Un Québec libre de ses choix)*, comme plate-forme constitutionnelle du Parti.

Or, les auditions publiques de la Commission étaient terminées depuis le 23 janvier et le dépôt de son rapport était prévu pour la fin mars. La décision du congrès d'adopter le rapport Allaire arrivait comme un pavé dans la mare des difficiles consensus qui avaient pu être réalisés à la Commission, et de ceux qui pouvaient survenir encore.

D'ailleurs quand nous demandions à nos collègues indépendantistes de la Commission si les propositions du rapport Allaire leur convenaient, la réponse était automatique et unanime : nous souhaitons l'indépendance du Québec, non l'acceptation par le fédéral des demandes contenues dans le rapport Allaire, même s'il inclut toutes nos demandes.

Il en a fallu des discussions pour maintenir les consensus déjà obtenus et en réaliser de nouveaux, le tout sous la supervision intelligente des coprésidents, MM. Michel Bélanger et Jean Campeau et du secrétaire de la Commission, M. Henri-Paul Rousseau! Tout en respectant la consigne de ne pas faire part de nos états d'âme aux nombreux journalistes qui nous attendaient, souvent jusqu'à 1 heure du matin, à la sortie du Domaine de Maizerets où se tenaient les travaux de la Commission.

Mais un véritable leader s'est manifesté durant cette période, pour nous, fédéralistes engagés qui ne savaient plus exactement quel était notre mandat, nonobstant nos croyances personnelles.

En effet, le ministre de la Justice, M. Gil Rémillard, prit alors le leadership du groupe de fédéralistes présents à la Commission qu'il dirigea de main ferme jusqu'à la conclusion des travaux de la Commission.

M. Rémillard a bien mérité ces paroles que M. Bourassa a eu à son endroit le 27 mars de la même année, lors du dépôt du rapport de la Commission : «Félicitations d'abord à mon collègue, M. Gil Rémillard, qui a dirigé l'équipe ministérielle d'une façon exceptionnelle.[*]»

Ceux qui ont vécu de l'intérieur les travaux de la Commission Bélanger-Campeau savent que cet hommage était bien mérité.

◆ Les grappes industrielles

Les «grappes industrielles» de M. Gérald Tremblay, alors ministre de l'Industrie et du Commerce, ont beaucoup fait parler au cours notamment des années 1992 et 1993.

Tout le monde (associations patronales, syndicats, groupes commu-nautaires) était d'accord avec le principe des grappes industrielles visant à développer en profondeur un secteur industriel donné avec tous les sous-secteurs qui l'entourent, en y associant notamment, les principaux partenaires patronaux et syndicaux. Mais tout le monde se demandait si le Québec avait les moyens de soutenir et de développer les treize grappes suggérées par M. Tremblay, comme le soulevaient régulièrement le CPQ ainsi que le président de la CSN, Gérald Larose, pour qui il aurait été préférable de cibler quelques secteurs.

Toujours est-il que lors d'une conférence de presse du CPQ en juin 1993 pour faire part de l'humeur économique des chefs d'entreprise québécois, le journaliste de la Presse canadienne, M. Frédéric Tremblay, me demande ce que je pense des grappes. Claude Turcotte du Devoir rapporte ainsi ma réponse à M. Tremblay : «Avec treize grappes indus-trielles, on a vu gros. C'est beaucoup. Ce n'est pas vrai qu'on peut être bon partout, dans une période relativement courte.[**]»

Ce sont ces propos, et non l'humeur économique des chefs d'entre-prise, qui sont repris par le journaliste de la Presse canadienne et qui font la une du cahier Affaires du journal La Presse, le lendemain.

---

[*] Assemblée nationale du Québec. *Journal des débats*, 27 mars 1991.
[**] TURCOTTE, Claude. *Le Devoir*, 16 septembre 1993.

Mais surtout, ce sont ces propos qui sont repris à l'Assemblée nationale le lendemain matin, à la période des questions, par la députée péquiste, Mme Louise Harel, en mentionnant de plus «que c'est un bon partisan du Parti libéral qui tient ces propos, non l'opposition officielle». Des propos qui n'avaient rien de blessant cependant, et qui n'étaient qu'une analyse parmi bien d'autres, que le ministre avait déjà entendus et qu'il aurait pu balayer du revers de la main.

Mais ça ne s'est pas passé comme ça! «Je n'aurais jamais pensé, rapporte M. Claude Turcotte toujours, en citant M. Tremblay, qu'un jour on reprocherait à un Québécois de voir trop gros ou d'avoir trop d'ambition pour le Québec.» Irrité, M. Tremblay quitta précipitamment l'Assemblée nationale.

De tels reproches n'ont cependant jamais existé. Il s'agissait tout au plus d'un commentaire, peut-être désagréable, mais vraiment inoffensif et non prémédité, qui ne visait pas l'homme.

C'est le futur député de Mont-Royal et par la suite ministre du Travail, M. André Tranchemontagne, qui ramènera finalement les relations au beau fixe entre M. Tremblay, moi-même et le CPQ. Mais non sans difficultés... M. Tremblay était vraiment blessé que l'on ait ainsi remis en cause «ses» grappes industrielles et leur choix. (Précisons que certaines fonctionnent toujours et très bien!)

◆ Les rendez-vous économiques du CPQ (1991 et 1993)
Les libéraux n'ont jamais été friands de grands sommets économiques comme l'ont toujours été les péquistes, quelles que soient les évaluations que l'on puisse faire de ces sommets. Ainsi, de 1985 à 1994, aucun grand sommet économique ne fut organisé par le gouvernement.

Le CPQ, préoccupé par la situation difficile de l'emploi et le taux de chômage élevé du début des années 1990, décida d'organiser, en 1991 et en 1993, deux Rendez-vous économiques qui connurent un énorme succès.

Il s'est agi, dans les deux cas, d'une rencontre de deux jours réunissant une vingtaine d'organismes et une cinquantaine de leaders de la société.

Deux éléments clés étaient à la base de ces deux Rendez-vous: premièrement, chaque organisme participant acceptait de proposer trois façons de créer, à court terme, de nouveaux emplois et deuxièmement les hommes et les femmes politiques y étaient nettement minoritaires. M. Gérald Tremblay, alors ministre de l'Industrie et du Commerce, M. Jacques Parizeau, alors chef du Parti québécois et de l'opposition officielle à l'Assemblée nationale et M. Bernard Landry, porte-parole économique du Parti québécois, ont, parmi d'autres, participé à ces rencontres.

Les débats ont été riches en propositions de toutes sortes, bien reçues par les politiciens, et couverts positivement par les médias.

Le CPQ a résumé ces travaux en deux phrases : «Il n'y a pas lieu de toujours tout attendre de l'État. Et si ces deux Rendez-vous économiques ont pu aider les hommes et les femmes politiques en écoutant les réflexions du secteur privé, c'est tant mieux.»

◆ Missions gouvernementales

J'ai eu l'occasion de participer à plusieurs missions gouvernementales à l'étranger. Or, un volet de ces missions m'a toujours dérangé, ainsi que bien d'autres : le soin pris par les organisateurs de ces missions à surcharger les journées du chef de mission (généralement un ministre) et, conséquemment, celles des gens qui font partie de la mission.

La situation a peut-être changé aujourd'hui, mais je me rappelle, entre autres, d'une mission conduite en Tchécoslovaquie par M. John Ciaccia, ministre des Affaires internationales.

M. Ciaccia faisait pitié tant son horaire était chargé... même s'il ne se plaignait pas. Ce fut le cas également lors d'une mission à Rome, toujours avec M. Ciaccia.

À chaque retour de mission, on envoyait une note aux organisateurs leur demandant de laisser respirer un peu le chef et les participants de la mission, compte tenu notamment du décalage horaire que certains supportent moins bien que d'autres.

La réponse des organisateurs était invariablement la même : «Aucun contribuable ne pourra dire qu'une mission est une partie de plaisir! L'horaire est très chargé, mais c'est voulu ainsi pour éviter toute critique quant à l'utilisation des fonds publics.»

Quand même! Les chefs de mission n'étaient pas, et ne sont toujours pas, des surhommes!

◆ Pierre Marc Johnson, le médecin... politicien
Jérusalem, mi-avril 1993.

M. Tom Hecht, président de la Chambre de commerce Canada-Israël, organise une mission en Israël dans le but de consolider les liens entre le Canada et Israël et de permettre à des Québécois de mieux connaître ce pays plein d'histoire.

Le groupe est formé de neuf Québécois, soit quatre fédéralistes et quatre péquistes bien connus, et d'une neuvième personne que les deux groupes considèrent comme «non alignée». Il s'agit de l'ex-premier ministre du Québec, M. Pierre Marc Johnson, accueilli en Israël comme un premier ministre toujours en fonction.

Le groupe fonctionne bien ensemble, les rencontres se succèdent agréablement et le volet touristique de la mission est excellent.

Voilà cependant qu'en plein milieu du voyage, j'attrape un vilain rhume qui m'empêche même un certain soir de me joindre au groupe pour le repas. Je reste à l'hôtel, sachant que le groupe sera de retour vers 22 h 30.

Je me rends dans le hall de l'hôtel à cette heure et effectivement le groupe se pointe, M. Johnson en tête.

Avocat et politicien, M. Johnson n'oublie jamais cependant qu'il est médecin. Et voilà qu'il se met à s'intéresser à mon état de santé. Il me prend solidement la gorge, histoire de vérifier l'état des ganglions, me dit-il, tout en ayant cette réflexion : «Que j'aimerais donc qu'il y ait ici une caméra de la télévision de TVA ou de Radio-Canada. Ce serait une première aux nouvelles que de voir l'ex-premier ministre Johnson faire payer à Ghislain Dufour, en dehors du Québec, les désaccords qu'il a enregistrés à son endroit durant son terme comme premier ministre.»

Pendant un moment, je me suis senti comme un Israélien contraint d'assurer sa propre sécurité... Mais c'était mal connaître l'humour (noir?) de Pierre Marc Johnson qui a beaucoup rigolé de l'incident durant le reste de la mission, alors que j'ai dû endurer mon rhume jusqu'à mon retour à Montréal... ne souhaitant plus d'autres examens médicaux du Dr. Johnson... en public à tout le moins.

⚜⚜⚜

C'est au cours de cette même mission par ailleurs, qu'un excellent compagnon de voyage, M. Sylvain Simard, alors président du Mouvement national des Québécois (futur député péquiste de Richelieu en 1994, puis ministre de l'Éducation en 2002), me fit, mi-figue mi-raisin, miroiter qu'un gouvernement du Québec indépendant n'hésiterait pas à me nommer consul à Be'er Sheva, le centre administratif pour le Sud d'Israël!

Certes un cadeau de Grec...

Be'er Sheva est une petite ville de province qui comptait plus ou moins 125 000 habitants en 1997, entourée de bédouins et de chameaux, et «gangrenée, selon Wikipédia, pendant de longues années par un manque de leadership, par des problèmes politiques et par une gestion financière déplorable»! Be'er Sheva n'était certainement pas le choix du siècle et je ne connais personne qui aurait accepté une telle nomination!

Deux ans plus tard, en 1995, les Québécois refusaient à nouveau l'indépendance du Québec. Pas de nominations internationales possibles pour le Parti québécois!

Je n'ai donc plus réentendu parler de Be'er Sheva! Heureusement...

◆ Délégation de pouvoirs?

Membres du comité exécutif de la CSST, M. Louis Laberge (FTQ) et moi prenions d'importantes décisions que nous soumettions au conseil d'administration. Par exemple, à elle seule, la proposition de la tarification annuelle des employeurs allait chercher dans le milliard de dollars! Et combien d'autres propositions du genre, certes moins coûteuses, bien sûr, mais tout aussi importantes, devions-nous prendre régulièrement pour assurer le bon fonctionnement de l'organisme.

Un jour, à la demande de Mme Monique Jérôme-Forget, la présidente de la CSST (devenue plus tard ministre des Finances du Québec, un ministère qu'elle quittera en mars 2009, mettant fin ainsi à sa carrière politique), nous devions discuter de deux demandes personnelles qu'elle nous avait faites.

Premièrement, elle voulait pouvoir s'abonner à un club privé pour y tenir ses nombreuses réunions, souvent confidentielles. Deuxièmement, elle voulait pouvoir voyager en classe affaires lorsqu'elle devait se déplacer pour la CSST, par exemple, vers Vancouver, Los Angeles ou l'Europe. Nous étions, M. Laberge et moi, totalement d'accord avec ces deux demandes qui nous apparaissaient tout à fait légitimes.

Mais il y avait un problème : alors que nous pouvions faire des suggestions valant plus d'un milliard de dollars, le ministre du Travail, responsable de la CSST, n'était pas d'accord que nous acceptions ces deux demandes, et lui-même les refusa.

Nous avons failli démissionner...

⚜ ⚜ ⚜

Mais la présidente, pour sa part, ne se sentant pas pour autant brimée, décide de faire des démarches pour devenir membre, à ses frais, du Club universitaire de Montréal.

Premier affront : le Club universitaire de Montréal n'accepte pas les femmes! Mme Jérôme-Forget n'en est pas pour autant décontenancée! Elle constitue rapidement un groupe de membres du Club dont elle a l'appui et ceux-ci demandent une rencontre aux dirigeants du Club pour modifier le règlement et permettre l'admission des femmes.

J'ai assisté à la première réunion! Les anciens membres n'en démordaient pas : il n'était pas question d'admettre les femmes comme membres du Club. «Elles veulent un club, qu'elles se le donnent!» La proposition des membres pour l'admission des femmes fut alors battue à plate couture.

Mais il ne pouvait être question que le dossier se termine ainsi. Un groupe encore plus important de membres cette fois demanda une nouvelle rencontre. La salle était bondée de membres et, cette fois encore, j'étais présent. Ce jour-là, après l'exposé des pour et des contre, la raison l'emporta : les membres acceptèrent très majoritairement de modifier les règlements pour accepter les femmes.

Deuxième affront cependant : dans à peu près tous les clubs privés, les nouveaux membres doivent être parrainés et acceptés par un comité d'admission. Mme Jérôme-Forget venait d'ouvrir la porte du Club universitaire de Montréal aux femmes, elle était parrainée par des membres influents de celui-ci, mais elle fut personnellement refusée. Les raisons demeurent encore obscures, mais on a dit que certains voulaient lui faire payer cher le fait d'avoir gagné la bataille de l'ouverture du Club aux femmes...

Faut-il en déduire que le ministre du Travail de l'époque, en refusant à Mme Jérôme-Forget un *membership* à un club privé payé par la CSST, était un visionnaire et voulait ainsi lui éviter ces deux affronts?

Gageons que non!

◆ Le dossier des heures d'affaires (1992)

Un des dossiers qui a fait beaucoup parler au Québec, est le dossier des heures d'ouverture et de fermeture des commerces. Et plus particulièrement, l'ouverture des commerces le dimanche.

Toujours est-il qu'en 1992, le gouvernement du Québec et son ministre de l'Industrie et du Commerce, M. Gérald Tremblay, proposent de légiférer pour autoriser l'ouverture des commerces le dimanche.

Ils reçoivent immédiatement l'appui du CPQ, dont 83 % des membres corporatifs et l'ensemble des associations (sauf deux : la Corporation des concessionnaires d'automobiles du Québec et l'Association des détaillants en alimentation du Québec) se déclarent favorables à la proposition.

Pour le CPQ, les commerces sont là pour répondre aux besoins des consommateurs qui, en grande majorité, demandent justement l'ouverture des magasins le dimanche.

Pour les deux associations dissidentes cependant, l'ouverture des petits commerces le dimanche pose une importante question de conciliation travail-famille. Devra-t-on dorénavant être au travail sept jours par semaine? Les deux associations, et c'est leur droit le plus strict, choisissent d'être en désaccord avec la position très majoritaire des autres membres du CPQ et demandent que leur dissidence soit inscrite au communiqué de presse qu'émettra le CPQ, ainsi que le prévoit son bon fonctionnement interne.

Le communiqué indique donc, au dernier paragraphe, les deux dissidences. Pourquoi au dernier paragraphe ? Parce que la nouvelle, c'est l'appui très majoritaire du CPQ au gouvernement et au ministre Tremblay, et non les deux dissidences.

Mais, quelle est la manchette le lendemain dans certains médias? La dissidence des deux associations!

Ce qui, bien sûr, a obligé le CPQ à procéder différemment par la suite. Nous avons rapidement convenu que, dorénavant, les dissidences feraient l'objet d'un ou de communiqués distincts de celui qui annonce la position de l'ensemble de la communauté patronale.

Mais on n'a jamais su comment les médias réagiraient à cette nouvelle façon de faire, car aucune association membre n'a demandé par la suite à enregistrer sa dissidence!

GHISLAIN DUFOUR...

...échange des vœux avec le premier ministre Robert Bourassa
à l'occasion de la Fête nationale, juin 1986.

...participe à une séance de travail avec
le premier ministre René Lévesque, mars 1979.

...en pleine conversation avec le premier ministre
Pierre Marc Johnson, septembre 1985.

...en compagnie de l'ex-premier ministre Daniel Johnson (fils),
lors d'une soirée de gala, mai 1997.

...échange des propos avec le futur premier ministre, M. Jacques Parizeau, à l'occasion de travaux de la Commission Bélanger-Campeau, 1991.

...reçoit l'Ordre national du Québec des mains dupremier ministre Lucien Bouchard, 1998.

CHAPITRE 9
Gouvernement de M. Daniel Johnson (fils), 1994

11 janvier 1994 au 26 septembre 1994

À la suite de la démission de M. Bourassa, le 14 septembre 1993, M. Daniel Johnson (fils) devient le chef du Parti libéral du Québec le 14 décembre 1993 et premier ministre du Québec le 11 janvier 1994, après avoir fait un excellent travail comme président du Conseil du Trésor.

Son mandat sera de courte durée cependant, M. Johnson étant battu par M. Jacques Parizeau, chef du Parti québécois, le 12 septembre de la même année.

⚜ ⚜

Durant ce court mandat, outre la possibilité de transmettre à M. Johnson le message traditionnel du CPQ, comme à tous les premiers ministres précédents, visant à réduire les dépenses publiques et les impôts (message toujours bien reçu, mais généralement laissé sans suite), le CPQ reçut favorablement la décision du gouvernement de donner le feu vert au projet d'aménagement hydroélectrique de la rivière Sainte-Marguerite ainsi que le plan d'action pour réduire le fardeau administratif des entreprises.

Le CPQ salua haut et fort la proposition du ministre de l'Industrie, du Commerce et de la Science, M. Gérald Tremblay (aujourd'hui maire de Montréal), donnant la possibilité de signer des conventions collectives de plus de trois ans, ainsi que son adoption par le Conseil des ministres. Mais le gouvernement Johnson n'eut guère le temps d'aller très loin. Comme il l'avait fait avec tous les gouvernements précédents, le CPQ avait exprimé clairement les objectifs que devait se donner M. Johnson : s'obliger, par voie législative, à atteindre l'équilibre budgétaire en trois ans, à introduire des tickets modérateurs pour les services de santé et à permettre une meilleure utilisation de la sous-traitance, trop encadrée par le Code du travail.

Mais ces dossiers, dans le décor public depuis des années et difficiles à résoudre, admettons-le, n'ont pu, tout au plus «qu'atterrir» sur le bureau de M. Johnson. À dire vrai, le gouvernement intérimaire de M. Johnson, puisque des élections s'imposaient en 1994, n'était pas en mesure de régler ces questions, faute notamment de temps.

Les relations entre le CPQ et M. Johnson furent donc tout à fait correctes.

Mais une chose est sûre : même si le CPQ n'adhère jamais à une organisation partisane, les gens d'affaires espéraient fortement que M. Johnson soit élu en septembre 1994. La possibilité d'un nouveau gouvernement péquiste, sous la houlette de M. Jacques Parizeau, inconditionnel souverainiste, n'était pas sans inquiéter. Et ils ne voulaient surtout pas revivre la fin des années 1970.

PLUS + + +
♦ Le parti de l'entreprise
Appelé, par les médias notamment, en août 1994, à prendre position en faveur du PLQ (dirigé par Daniel Johnson) ou du PQ (dirigé par Jacques Parizeau) dans le cadre de l'élection générale du 12 septembre, le CPQ évita de tomber dans le piège tendu : Johnson ou Parizeau?

«Nous ne sommes ni en faveur du Parti libéral ni en faveur du Parti québécois, avons-nous répondu. Nous sommes, à notre manière, le parti de l'entreprise. Nous avons un parti pris favorable pour le développement économique.»

«Nous nous efforçons d'afficher une position non partisane. Les gens savent bien que 80 % des membres du CPQ sont fédéralistes [...] Mais nous ne faisons pas de politique partisane.»

La preuve? À chaque campagne électorale fédérale ou provinciale, le CPQ envoie une série de questions d'ordre économique et social aux divers partis politiques et s'engage à rediffuser les réponses obtenues à l'ensemble de ses membres et aux médias.

Peut-on être plus démocrate et non-partisan?

Les principaux partis politiques savent fort bien l'impact d'une telle façon de procéder pour le CPQ et ils répondent à ses questions! Le CPQ a fait œuvre utile d'ailleurs en ce domaine. En effet, aujourd'hui, nombreuses sont les organisations, incluant les municipalités, qui, dans leur secteur d'intérêt, procèdent de la même façon que le CPQ... souvent au grand dam des partis politiques pour qui ces demandes, nombreuses, ne peuvent qu'engendrer un surcroît de travail. Même les gouvernements provinciaux ont posé des questions aux partis politiques fédéraux lors de la campagne électorale d'octobre 2008!

Le CPQ n'a également pas joint le comité parapluie du NON que présidait le chef du Parti libéral et chef de l'opposition à l'Assemblée nationale, M. Daniel Johnson, lors du référendum du 30 octobre 1995.

Le CPQ avait également refusé d'être membre des comités du OUI et du NON lors des référendums de 1980 sur la souveraineté-association et de 1992 sur l'Accord de Charlottetown. «Il s'agit de comités partisans», a toujours plaidé le CPQ, et le conseil d'administration a toujours évité de s'y associer pour garder sa neutralité, tout au moins en principe. Il a plutôt participé à mettre sur pied des comités de gens d'affaires pour le NON qui ne se retrouvaient pas non plus sous le comité parapluie du NON.

◆ Un accord est un accord

Le CPQ a toujours présenté, sauf en de rares exceptions, un mémoire annuel exprimant ses principales préoccupations, tant au gouvernement qu'à l'opposition officielle. Il s'agit d'un même mémoire présenté en soirée aux membres de l'opposition, et le lendemain matin aux membres du gouvernement.

À l'automne 1997, le CPQ rencontre ainsi, en soirée, le Parti libéral, qui forme alors l'opposition officielle dirigée par M. Daniel Johnson.

M. Johnson est catégorique : le CPQ doit, le lendemain, signifier aux péquistes qu'une de leurs politiques (Laquelle? Ce n'est pas important aux fins de ces propos) n'a pas de bon sens et que le gouvernement péquiste doit changer de cap.

M. Johnson reçoit l'appui des représentants du CPQ et de son porte-parole et ils acceptent de soulever la question avec le gouvernement le lendemain matin.

Le lendemain, catastrophe! Par oubli, distraction ou autrement, le sujet n'est pas abordé avec les péquistes et le communiqué de presse émis par le CPQ n'en fait également aucune mention.

M. Johnson, avec raison, ne l'a pas pris! Et un froid «glacial» s'est installé entre le chef de l'opposition et le CPQ. Une situation que l'on voit rarement, un organisme comme le CPQ n'ayant aucun intérêt à indisposer sciemment (ce qui n'était pas le cas ici) l'opposition officielle, quelle qu'elle soit, d'autant plus qu'elle est souvent le meilleur défenseur de ses dossiers.

Ce n'est que deux mois plus tard qu'un repas très frugal remettra en tête-à-tête le chef de l'opposition officielle et les porte-parole du CPQ, et que le différend sera réglé.

Ouf! Que le terrain politique peut donc être souvent miné, même si chacun est de bonne foi...

◆ Deux visions d'un même message inaugural

Jeudi le 17 mars 1994, M. Daniel Johnson présente à l'Assemblée nationale son premier discours inaugural, qui sera d'ailleurs son dernier.

«Un discours complètement pété, complètement gaga, décevant et vide», critiquera aussitôt le président de la CSN, M. Gérald Larose, qui n'a pas du tout apprécié. Il ajoute d'ailleurs que le discours inaugural est «faux sur toute la ligne et que, tout en adoptant la politique de la main tendue, il veut nous fesser dessus.*»

«Un discours riche et ambitieux, qui se fixe des objectifs mesurables de création d'emplois; qui propose d'abolir les barrières au commerce interprovincial; qui veut faire respecter les lois, notamment à l'égard de l'évasion fiscale; qui entend mieux former la main-d'œuvre et mieux soutenir la cellule familiale», expliqua un communiqué élogieux du CPQ à l'endroit de M. Johnson.

«Difficile de satisfaire tout le monde et son père», disions-nous souvent au CPQ, surtout lorsqu'il s'agit de déclarations, de politiques, d'énoncés gouvernementaux qui s'adressent à la fois au patronat et aux syndicats.

Nous avons sûrement dit la même chose ce soir-là... surtout que nous étions aux antipodes de l'analyse de la CSN, au style des plus colorés!

---

* NORMAND, Gilles. *La Presse*, vendredi le 18 mars 1994.

CHAPITRE 10
Gouvernement de M. Jacques Parizeau, 1994-1996

12 septembre 1994 au 29 janvier 1996

Le 24 juillet 1994, M. Daniel Johnson déclenche des élections.

Le 12 septembre 1994, le Parti québécois remporte la victoire avec 77 députés, le Parti libéral en fait élire 47 et l'Action démocratique du Québec, 1. Un «habitué» depuis des lunes du secteur public, tant comme haut fonctionnaire que comme simple député et ministre, M. Jacques Parizeau, devient premier ministre du Québec.

Le CPQ s'empresse, le soir même, d'offrir sa collaboration au nouveau gouvernement dans plusieurs dossiers. Mais, du même souffle, il lui fait sa première demande : respecter son engagement de ne pas déclarer unilatéralement l'indépendance du Québec, mais de tenir un référendum sur la question comme il s'y est engagé.

Comme on le constate, c'est déjà autour du dossier référendaire que s'amorcent les relations entre le CPQ et M. Parizeau. Or, s'il est un dossier «honni» au CPQ et dans le milieu québécois des affaires en général, c'est bien celui d'un éventuel référendum sur l'indépendance, avec toutes ses périodes de «mal à l'aise», d'incertitudes sociale et économique, de chicanes entre Québécois, etc.

Pourtant, il faudra bien s'y faire : le passage de M. Parizeau comme premier ministre du Québec sera essentiellement, comme vu par le CPQ, axé sur la question de l'indépendance du Québec.

Pour gagner le référendum sur l'indépendance, il aura même parfois recours à des tactiques pour le moins discutables.

Voyons voir : mise en chantier d'un vaste programme de consultations régionales; marketing intense voulant que 50 % + 1[11] des votes favorables à l'indépendance du Québec soient suffisants pour faire l'indépendance alors que les Québécois, de façon majoritaire, mettent la barre beaucoup plus haute; priorité accordée à la Constitution plutôt qu'à l'économie; démarche du premier ministre lui-même auprès du Conseil national du patronat français (CNPF) pour lui garantir que la souveraineté du Québec ne perturberait pas les activités économiques québécoises et canadiennes, donc des entreprises françaises installées ici (alors que pendant ce temps, les entreprises françaises installées au Québec tenaient, à l'intérieur du CPQ, un tout autre discours et que 91 % des membres corporatifs du CPQ affirmaient que l'indépendance du Québec comporterait des coûts importants et compromettrait son développement économique); dépôt d'un avant-projet de loi sur la souveraineté (en mars 1995), rédigé manifestement pour rassurer les Québécois et non pour les informer convenablement; attaques personnelles directes ou indirectes contre des gens d'affaires (tels Laurent Beaudoin, Claude Garcia, Marcel Dutil, Jim Hewitt, etc.) qui ne croient pas, comme c'est pourtant leur droit le plus strict, à l'indépendance; publication, à la suite de consultations régionales, du Rapport de la Commission nationale sur l'avenir du Québec, un rapport que le CPQ qualifiera de «pur exercice d'auto-intoxication-souverainiste»; mauvaise analyse des effets de l'indépendance sur les pertes d'emplois dans les sièges sociaux; question référendaire alambiquée[12]; tentatives constantes de discréditer les porte-parole du camp du NON, qu'il s'agisse de Daniel Johnson ou de Jean Charest; etc.

Pendant ce temps, les membres du CPQ considéraient que le climat politique «n'avait jamais été aussi mauvais depuis vingt ans, et que l'incertitude politique rongeait les entreprises». Le CPQ plaidait :

- qu'il est faux de croire qu'un Québec séparé conserverait tous les avantages du cadre économique canadien actuel;
- qu'il est faux de croire qu'un Québec séparé serait automatiquement reconnu par la communauté internationale;
- qu'il est certain qu'un Québec séparé se retrouverait avec une dette écrasante et qu'il n'aurait aucun contrôle sur le dollar canadien;
- qu'il est incontestable que l'appartenance du Québec au Canada reste le meilleur choix stratégique pour le développement économique, social et culturel du Québec.

Il n'était donc pas possible, face à ces deux discours tellement opposés, que ce soit l'amour fou entre le CPQ et M. Parizeau.

D'autant que d'autres questions séparaient le gouvernement et la confédération patronale.

Par exemple, le CPQ n'a jamais vraiment accepté que M. Parizeau mette la hache dans le projet hydroélectrique Grande-Baleine, qui faisait alors l'objet d'une vaste coalition patronale-syndicale favorable au projet; que le gouvernement impose une taxe sur la masse salariale des entreprises pour financer la formation professionnelle (la loi dite du 1 %), même si le CPQ reconnaissait bien que les entreprises devaient investir dans la formation professionnelle, beaucoup plus même que 1 %, mais pas à partir des diktats de l'État, le CPQ prônant «l'incitation» de l'État, non la coercition.

Dans ce dossier de la Loi favorisant le développement de la formation de la main-d'œuvre, adoptée en novembre 1995 et mise en vigueur au début de 1996, le CPQ a cependant pu compter sur la compréhension de la ministre de l'Emploi et de la Solidarité sociale, Mme Louise Harel, qui a accepté (et fait accepter par son gouvernement) que les coûts de la formation dite «sur le tas», puissent être intégrés aux dépenses totales obligatoires de 1 % en formation professionnelle. Cette

141

orientation nouvelle a permis au CPQ, non pas nécessairement de souscrire à la loi, mais tout au moins d'arrêter de la contester.

Le CPQ n'a surtout pas apprécié cette analyse de M. Parizeau qui, lors d'une entrevue à la télévision de Radio-Canada, à quelques jours du référendum du 16 octobre 1995 sur la souveraineté, a dit «se délecter» du fait que sept entreprises commerciales du secteur parapublic québécois (Hydro-Québec, la Société des alcools du Québec, la Société générale de financement du Québec, etc.) aient quitté le CPQ, donnant probablement suite à des commandes de dirigeants politiques du camp du OUI. M. Parizeau n'avait pas besoin de ce coup d'éclat pour s'aliéner davantage le CPQ.

Même si le journaliste M. Pierre Tourangeau de Radio-Canada, en présentant la nouvelle du retrait de ces sept entreprises et avant d'interviewer M. Parizeau, avait indiqué d'entrée de jeu que le CPQ perdait ainsi «des centaines de milliers de dollars», heureusement il n'en était rien. Il s'agissait en fait d'une perte de cotisations de 35 000 dollars. Or, dans une courte semaine, le CPQ a obtenu plus de 80 000 dollars récurrents auprès de ses membres existants et de nouveaux membres pour compenser cette perte ! J'avais alors bénéficié de la collaboration de membres du conseil d'administration et du bureau des Gouverneurs, de M. Luc Beauregard en particulier.

En pensant qu'il pourrait s'agir de centaines de milliers de dollars, on peut présumer que M. Parizeau ne «s'en délectait que davantage»!

⚜ ⚜ ⚜

Puis ce fut le référendum du 30 octobre : 49,41 % des Québécois votèrent pour l'indépendance du Québec alors que 50,59 % votèrent contre, pour une majorité de 52 448 votes et un taux de participation de 93,48 %.

À la suite de cette courte victoire du NON, le CPQ appela «tous les partenaires socio-économiques à mettre de côté leurs divergences constitutionnelles et à mettre l'épaule à la roue pour relancer l'économie».

Puis ce fut rapidement la démission de M. Parizeau pour son analyse de la défaite du OUI, attribuable, selon sa déclaration devenue célèbre, «aux ethnies et à l'argent».

Que retenir de la qualité des relations entre le CPQ et le premier ministre, M. Jacques Parizeauz?

Elles n'ont jamais été très bonnes. Homme brillant, ministre des Finances généralement respecté (pensons au Régime enregistré d'épargne-actions (REA), fonctionnaire de haut rang qui a marqué positivement et avec panache le secteur public québécois, M. Parizeau, durant l'année et demie où il a été premier ministre, a malheureusement, aux yeux du CPQ, été constamment obnubilé par le dossier de l'indépendance du Québec : l'antithèse de ce en quoi croyait le CPQ, ardent défenseur du fédéralisme.

Bien plus, M. Parizeau n'a jamais su vraiment comment communiquer avec le patronat, autrement que pour le provoquer, s'en moquer, ou se «délecter» de ses malheurs.

Difficile dans les circonstances de réaliser un bon mariage entre un défenseur à tout crin de l'État providence, marqué au fer d'un nationalisme aussi catégorique que le sien, et un patronat québécois nationaliste certes, mais au sein d'un Canada fort et réfractaire à l'interventionnisme tous azimuts de l'État dans le domaine économique. On est loin de Bâtir le Québec I et II, de Bernard Landry...

Nous sommes donc honnêtement et correctement sévères pour M. Jacques Parizeau, premier ministre, en raison de ses relations avec les employeurs de l'époque, et avec le CPQ plus particulièrement.

Cet homme, lorsqu'il sort de sa «marmite constitutionnelle», peut cependant être attachant, spirituel et excessivement intéressant.

Nous avons eu l'occasion de le rencontrer régulièrement à huis clos, lorsqu'il était ministre des Finances notamment, et nous gardons un très bon souvenir de ces rencontres.

Il a participé aux fêtes du 20e et du 25e anniversaires du CPQ, en sa qualité de chef de l'opposition officielle, en 1989 et en 1994, et ses interventions étaient adaptées à la situation, au milieu, et furent d'ailleurs très remarquées.

Par exemple, ce soir de janvier 1994 où le CPQ fêtait son 25e anniversaire et que M. Daniel Johnson venait d'être nommé premier ministre du Québec pour une période intérimaire, je me rappelle très bien l'échange des plus humoristiques intervenu entre les deux hommes quant à l'utilisation du titre de «premier ministre désigné» pour qualifier alors M. Johnson, ce à quoi s'objectait vivement ce dernier.

Quelle mouche le piquait lorsqu'en politique active, il ne pouvait tolérer quelque contradiction que ce soit, surtout lorsqu'elle venait du CPQ? Je n'en ai aucune idée. Peut-être était-ce la réputation qui lui a été faite d'être le plus souverainiste des souverainistes de l'histoire de la souveraineté québécoise? Pourtant, il y en a bien d'autres qui peuvent revendiquer ce titre...

⚜ ⚜ ⚜

En résumé, M. Parizeau, «Monsieur» comme on aimait bien l'appeler, était un premier ministre avec une mission et une vision précises, celles de faire l'indépendance du Québec. Et, manifestement, il ne voulait pas rater l'occasion qui s'offrait à lui de la réaliser. Ce faisant, il bouscula beaucoup de monde, notamment celui de la finance qu'il a malheureusement voulu soumettre à ses fins pendant les derniers jours qui précédèrent le référendum.

Heureusement, il a échoué.

⚜ ⚜ ⚜

PLUS + + +
♦ À la recherche de... Rodrigue Tremblay
Un jour de mai 1995, des dizaines d'étudiants envahissent les bureaux du CPQ en disant qu'ils ne quitteront pas les lieux tant et aussi longtemps qu'ils n'auront pu s'entretenir avec le ministre (sic) de l'Industrie et du Commerce, M. Rodrigue Tremblay. C'est à lui et à lui seul qu'ils veulent parler, même s'ils sont dans les locaux du Conseil du patronat et non dans les locaux du ministère de l'Industrie et du Commerce.

Or, M. Tremblay n'est plus ministre de l'Industrie et du Commerce depuis... 1979. Il l'a été de 1976 à 1979, sous le premier gouvernement de M. René Lévesque.

Mais les leaders étudiants sont tenaces : seuls les policiers de l'escouade tactique de la Ville de Montréal les obligeront à quitter les lieux, sans pour autant qu'ils ne démordent de leur demande de rencontrer M. Tremblay.

Faut-il en conclure que M. Tremblay avait tellement marqué le Québec de 1976 à 1979, que les étudiants s'en rappelaient encore en 1995, ou que leurs leaders (souvent des non-étudiants) étaient tout à fait déconnectés de l'histoire politique du Québec?

⚜ ⚜ ⚜

Les étudiants reviendront au CPQ le 11 février 1998. Encore là, ils se seront trompés de cible. Ils en voulaient cette fois au ministre de l'Éducation dans le dossier des frais de scolarité universitaires...

Tout comme s'étaient également trompés de cible les assistés sociaux qui avaient envahi quelques années auparavant les bureaux du CPQ pour revendiquer de meilleures prestations sociales...

À la réflexion, les manifestants ont eu tendance, lors de ces diverses occupations de locaux très critiquées par le CPQ, à prendre le patronat pour le gouvernement, tant sous les péquistes que sous les libéraux. Mêlés, les étudiants et les assistés sociaux? Ou était-ce un beau coup de chapeau involontaire à l'influence du CPQ et du patronat dont les prises de position sont généralement mesurées et appuyées sur de solides arguments?

⚜ ⚜ ⚜

À la suite de l'occupation du 11 février 1998, le CPQ s'est dit qu'on ne pouvait continuer comme ça! Si les étudiants veulent chicaner le ministère de l'Éducation, qu'ils aillent au ministère de l'Éducation! Car leur passage au CPQ du 11 février fut désastreux. Bris de bureaux et du système informatique, renversement des classeurs, installation de poubelles comme toilettes improvisées et malpropres, etc. Ce n'est que douze heures plus tard que le service de police put intervenir après avoir scié un mur pour s'introduire dans les locaux, en compagnie de maîtres chiens. Le CPQ a porté officiellement plainte contre 58 étudiants pour occupation et attroupement illégaux.

Et la Cour lui a donné raison. Le juge Jean-Pierre Bessette a rejeté la requête des avocats des occupants qui alléguaient «que le droit de manifester pacifiquement (sic) est essentiel en démocratie et est protégé par la Charte canadienne des droits et libertés». Le juge Bessette a plutôt statué «que les attroupements illégaux sont des activités qui portent atteinte aux droits des autres citoyens et démontrent un certain irrespect pour la personne, la propriété ou l'opinion d'autrui*».

Le CPQ a largement diffusé cette décision auprès de ses membres et de certains ministères pour éviter que de tels événements malheureux ne se reproduisent, rappelant que les «occupés» ont des droits face au «occupants».

* BESSETTE, Jean-Pierre, juge en chef adjoint à la Cour municipale de la Ville de Montréal. Jugement rapporté dans *La Presse* du 23 octobre 1999.

Personne n'en a appelé de cette décision.

◆ Le CPQ refuse d'être «muselé»

Un des volets d'un projet de loi que le CPQ a combattu avec le plus grand acharnement, cette fois en compagnie de la FTQ, fut le projet de loi 131. «Un héritage, selon Gilbert Leduc, laissé par M. Jacques Parizeau qui tenait, avant de partir, à légiférer pour assurer le lien de confiance des citoyens dans l'intégrité et l'impartialité de l'administration publique et favoriser la transparence et la responsabilisation des administrateurs publics.[*]»

Or, si ce projet de loi était généralement correct, un de ses volets était tout à fait inacceptable : les administrateurs à temps partiel, que ce soit à la CSST, à la Commission des normes du travail, à la Société québécoise de développement de la main-d'œuvre, etc. (là, en somme, où le CPQ siégeait), étaient obligés «à un strict devoir de réserve». Autrement dit, que vous soyez représentant du patronat ou du monde syndical par exemple, vous étiez «bâillonnés», «muselés» et ne pouviez dire un traître mot de ce qui se passait dans ces organismes. Alors que, justement, les groupes organisés qui envoient des représentants dans les conseils d'administration de ces organismes (généralement, le président) sont presque toujours les porte-parole de ces groupes.

Le choix proposé par le projet de loi 131 : ou vous refusez les invitations gouvernementales à siéger aux conseils d'administration de ces organismes et vous conservez votre droit de parole, ou vous y siégez et «motus et bouche cousue».

Le CPQ et la FTQ se sont unis dans ce dossier pour en dénoncer les effets pervers possibles. «Participez à la gestion de la chose publique, disait le législateur, mais abstenez-vous d'en parler.» Pas besoin d'être grand clerc pour comprendre la réaction négative du CPQ et de la FTQ.

---

[*] BELEDUC, Gilbert. *Le Soleil*, 25 octobre 1997.

Heureusement, au terme de la Commission parlementaire chargée d'étudier le projet de loi, le ministre de la Justice de l'époque, M. Paul Bégin, a clairement reconnu que l'État ne saurait imposer aux administrateurs à temps partiel d'organismes gouvernementaux, les mêmes règles d'éthique et de déontologie qu'aux gestionnaires à plein temps de l'État.

M. Bégin avait compris et la loi 131, adoptée plus tard, tiendra compte des commentaires du ministre Bégin.

Ce qui a permis au CPQ et à des dizaines d'autres organismes de continuer à aider le gouvernement à gérer certains dossiers sans être «encarcanés» dans des paramètres qui ne leur auraient pas permis de le faire.

♦ Riposte du ministre des Finances

En mai 1984, le CPQ commande à l'économiste québécois bien connu, M. Yves Rabeau, une étude sur les projets d'investissements au Québec. Inspiré d'un document du genre réalisé par la Canada West Foundation, M. Rabeau remet au CPQ une étude objective des principaux projets en cours et envisagés au Québec. Cette étude est importante et le CPQ considère qu'il devrait en partager le contenu avec le ministre des Finances, M. Jacques Parizeau.

Un rendez-vous est pris et M. Parizeau accueille les représentants du CPQ, à Québec, vers 16 heures, le 23 mai. Dans son souci coutumier de transparence, le CPQ réserve une salle au Parlement, la seule disponible, pour remettre, à 18 heures, aux médias, une copie de l'étude qu'il a déjà fait parvenir à M. Parizeau bien longtemps à l'avance.

Dès le début de la rencontre, M. Parizeau est visiblement de mauvaise humeur. À tel point qu'il refuse de discuter du mémoire Rabeau-CPQ et qu'il remet à la délégation du CPQ son PROPRE MÉMOIRE, ou si l'on veut, un contre-mémoire! Une première et une dernière dans l'histoire du CPQ!

Mais l'incident ne s'arrête pas là. Le CPQ est avisé, en cours de rencontre, que la salle qu'on lui avait promise au Parlement pour rendre publique la recherche Rabeau, la seule salle disponible, n'est plus disponible.

Elle avait été retenue par nul autre que M. Parizeau pour présenter son contre-mémoire, un M. Parizeau qui, bien sûr, avait priorité sur les gens de l'extérieur... Et le CPQ dut annuler son point de presse.

Quelle histoire! Heureusement, la recherche Rabeau-CPQ fut présentée à Montréal le lendemain et fut largement couverte par les médias.

CHAPITRE 11
Gouvernement de M. Lucien Bouchard, 1996-2001, (au 15 juin 1998)

Période du 29 janvier 1996 au 15 juin 1998

Président désigné par les membres du Parti québécois, le 12 janvier 1996 à la suite de la démission de M. Parizeau, M. Bouchard est élu président du parti, le 27. Il est assermenté à titre de premier ministre du Québec dès le 29, et forme son cabinet le même jour.

Un des premiers gestes posés par M. Bouchard, dès sa désignation comme président du parti, fut de contacter les principaux interlocuteurs du gouvernement, les interlocuteurs patronaux et syndicaux notamment.

Le CPQ fut donc de ceux avec qui M. Bouchard se mit en contact rapidement et avec qui il fit le tour des principaux dossiers. Le dossier de l'équité salariale[13], sur lequel nous reviendrons, fut bien sûr de ceux-là.

Dès le début de son mandat, M. Bouchard a donc tenu à consulter ses principaux partenaires patronaux et syndicaux et «à les mettre dans le coup», tout au moins en principe, de la gestion des affaires gouvernementales.

Le CPQ, qui venait de connaître une période difficile avec M. Parizeau, mais surtout qui voyait en M. Bouchard un homme raisonnable et capable de communiquer, décida de collaborer pleinement avec lui. Même si deux ans plus tôt, il avait présidé le comité du OUI pour l'indépendance, il était passé depuis à la gestion du Québec.

Nommé à la direction des affaires du Québec le 29 janvier, M. Bouchard convoqua immédiatement, pour mars 1996, une Conférence sur le devenir social et économique du Québec à laquelle il convia une cinquantaine de participants de tous les milieux.

Le CPQ y était représenté par une bonne dizaine de chefs d'entreprise et par sa permanence. À la fin des travaux, le CPQ s'est dit satisfait des principaux résultats de cette conférence dont il en attribua les mérites au premier ministre Bouchard lui-même :
- entente pour éliminer le déficit de l'ensemble du budget sur une période de quatre ans;
- mise sur pied de deux grands chantiers portant respectivement sur l'économie et l'emploi, et sur la réforme des services publics;
- création d'une Commission d'étude sur la fiscalité et le financement des services publics.

Cette Conférence sur le devenir social et économique du Québec de mars 1996 fut suivie, en octobre 1996, d'un important Sommet de l'économie et de l'emploi [14].

Cette Conférence permit également au CPQ d'apprécier les grands talents d'organisateur, d'animateur, de conciliateur et de négociateur de M. Bouchard.

Le CPQ acquiesça finalement à une «déclaration pour l'emploi» négociée à la dure tout au cours de l'été 1996, par le CPQ nommément; à certaines mesures d'aménagement et de réduction du temps de travail; à la poursuite de la lutte au travail au noir et à l'évasion fiscale; au développement de l'économie sociale et même, en se faisant tordre «un peu pas mal» le bras, à la création du Fonds de lutte contre la pauvreté par la réinsertion au travail. Certains membres du CPQ ont par la suite mis en question la création de ce fonds, considérant que les participants s'étaient substitués au législateur en proposant l'instauration d'une taxe pour alimenter ce fonds (250 millions de dollars sur trois ans), ce qui n'était nullement de leur ressort.

⚜ ⚜ ⚜

D'emblée cependant, les membres du CPQ ont généralement aimé cette année 1996 au Québec. Le référendum était derrière eux. Une certaine stabilité politique s'était installée, malgré les «rêves continus du grand soir» de certains indépendantistes durs et purs.

Mais le gouvernement Bouchard était à la recherche de solutions pour créer des emplois, endiguer la pauvreté et impliquer davantage la jeunesse dans la réalisation de la réussite québécoise, ce qui ne pouvait que plaire au CPQ.

Trois dossiers importants ont cependant assombri cet excellent bilan : le dossier de l'équité salariale, celui des taxes sur la masse salariale et celui recréant (au début de 1997) la Commission de protection de la langue française.

Non pas que le CPQ était contre le principe de l'équité salariale entre les hommes et les femmes. Bien au contraire. Mais les modalités suggérées pour y arriver indisposaient bien des chefs d'entreprise, et certains le dirent haut et fort. Une fois la loi adoptée cependant, le 21 novembre 1996, les chefs d'entreprise et le CPQ ne forcèrent pas le débat et s'attardèrent plutôt à suggérer des moyens pour rendre la loi viable et la moins contraignante possible pour les entreprises.

Quant au dossier des taxes sur la masse salariale, le CPQ a toujours plaidé qu'elles étaient plus élevées au Québec qu'ailleurs au Canada et qu'elles étaient plus pénalisantes que les taxes sur les revenus. Le ministre des Finances de l'époque, M. Bernard Landry, n'étant pas d'accord, on eut droit à de bonnes discussions, sans malice aucune cependant, de part et d'autre.

En rétablissant finalement, par la loi 40, la Commission de protection de la langue française qui avait été abolie par la loi 86 de M. Claude Ryan en 1993 parce que vue comme étant «la police» de la langue, le gouvernement ne marqua pas de points auprès des entreprises, quelles que soient les raisons ayant justifié sa remise sur pied... À noter que cette Commission a été intégrée à l'Office de la langue française en 2003, par la ministre péquiste, Mme Diane Lemieux, revenant ainsi au statu quo ante de 1993...

La période du 1er janvier 1997 au 15 juin 1998 fut sans histoires. Le gouvernement continuera à se préoccuper d'économie, dans la foulée des Conférences de mars et d'octobre 1996.

Le CPQ se réjouira d'un règlement permettant à l'enfant d'une personne travaillant temporairement au Québec de fréquenter l'école anglaise pendant toute la durée de son séjour, et non plus pour un maximum de cinq ans (importante concession pour un gouvernement du Parti québécois, mais combien réaliste!); d'une ouverture à la discussion manifestée par le ministre du Travail, M. Matthias Rioux, à la suite du rapport Mireault (Réal), sur la sous-traitance au Québec (dossier qui sera repris par M. Jean Charest en 2003); du maintien de l'objectif «déficit zéro»; et de la lutte contre le travail au noir.

Même si les débats faits sous d'autres gouvernements quant au fardeau fiscal élevé des particuliers et des entreprises ont dû être refaits; même si le CPQ a continué de réclamer un allègement réglementaire; même s'il a persisté à revendiquer que les entreprises contribuent aux bénéfices d'Hydro-Québec dans une proportion beaucoup plus équitable par rapport à la tarification des secteurs domestique et agricole; il n'en reste pas moins que les relations patronales-gouvernementales pour cette période ont été très bonnes.

Dans l'ensemble donc, les relations entre le CPQ et le gouvernement Bouchard (jusqu'au 15 juin 1998) furent très bonnes et générale-ment productives.

L'année 1996 notamment a été riche en échanges de vues, en dialogue continu, en engagement concret du patronat quant à une vision plus moderne du rôle de l'État québécois. Grâce à une approche résolument conciliante et rassembleuse, M. Lucien Bouchard a accompli un rapprochement spectaculaire avec le monde des affaires. Tout le contraire de M. Jacques Parizeau[*]. Bien secondé pendant une bonne partie de son mandat par un excellent chef de cabinet, M. Hubert Thibault, M. Bouchard fut très estimé par le CPQ.

⚜ ⚜ ⚜

PLUS + + +
♦ Le Bloc québécois «séduit» le CPQ
M. Lucien Bouchard en a toujours bien ri!
En 1993, alors qu'il est président du Bloc québécois, M. Lucien Bouchard rencontre la presse avec les dirigeants du CPQ pour discuter des questions économiques débattues pendant la campagne électorale fédérale.

Tout se passe bien. Le CPQ se dit d'accord avec les principaux dossiers analysés, notamment la valeur du dollar et les taux d'intérêt trop élevés. Mais il rappelle FERMEMENT à M. Bouchard qu'il ne saurait être question d'appuyer la démarche souverainiste du Bloc.

---

[*] GUAY, Jean Herman, politologue à l'Université de Sherbrooke. *L'année politique au Québec (1995-1996):Le patronat québécois:La nouvelle alliance*, en fait l'analyse suivante:«Lucien Bouchard n'a jamais affiché un nationalisme aussi catégorique que Jacques Parizeau. Et surtout, Lucien Bouchard a été conservateur, donc plus proche de l'idéologie patronale par opposition à Jacques Parizeau, qui s'est distingué en étant l'un des artisans de l'État providence. Ce changement (l'accession de M. Bouchard à la fonction de premier ministre, en remplacement de M. Parizeau) offrait donc l'occasion d'inverser la mésentente traditionnelle pour créer un compagnonnage original, semblable à celui qui prévalait avec les libéraux de Robert Bourassa.»

Le lendemain matin, catastrophe! Le journal *La Presse* titre en une: «Le Bloc québécois <u>séduit</u> le Conseil du patronat», ne faisant à peu près pas mention de la divergence d'opinions sur le dossier constitutionnel. Durant plus d'une semaine, les dirigeants du CPQ passèrent à peu près tout leur temps à expliquer à leurs commettants ce qui s'était vraiment passé. Une lettre du président du CPQ visant à préciser les faits fut envoyée à *La Presse*. Elle se retrouva, une semaine plus tard, cachée dans une série de lettres aux lecteurs, et ce, sans quelque mot d'excuse ni la moindre explication de l'éditeur.

Cet incident fut si marquant dans la vie politique du CPQ que le 17 mai 1997, lors d'une fête soulignant mon départ de la présidence, M. Bouchard, alors premier ministre, eut ces mots, disons taquins, qui rouvrirent sans méchanceté la plaie.

«Lors de l'élection de 1993, Ghislain Dufour et le CPQ se sont découvert des affinités avec le Bloc québécois que je présidais, au point où *La Presse* a titré le lendemain d'une conférence de presse tenue en campagne électorale, que "les solutions du Bloc séduisaient le CPQ"...»

Et il ajouta ironiquement : «On me dit que le téléphone a beaucoup sonné au CPQ dans les jours qui ont suivi...»

Comme quoi le quatrième pouvoir, les médias, peut parfois sans même s'en rendre compte ni s'en soucier, créer de sérieux problèmes. De toute son histoire, le CPQ n'a jamais allégué avoir été mal cité... mais il a bien souvent douté de la compétence des «titreurs (toujours inconnus)».

Pour une juste comparaison salariale publique-privée

♦ Le CPQ n'a jamais trouvé que les hauts fonctionnaires de la fonction publique ou des sociétés d'État étaient trop payés. Comme les élus d'ailleurs. La compétence se paie et l'État ne peut se permettre de perdre ses meilleurs éléments au profit du secteur privé.

Illustrons ce dossier par un seul cas. Est-il correct qu'un haut fonctionnaire qui dirige plus de 4000 employés et administre un budget de près de 2 milliards de dollars, ne gagne que 111 000$ par année en 1997? Tel était pourtant le salaire consenti au président du conseil d'administration et chef de la direction de la Commission de la santé et de la sécurité du travail (CSST) de l'époque! Pourtant, tout le monde convenait qu'il faisait un excellent travail.

Or, malgré des pressions tant patronales que syndicales auprès du ministre responsable et du bureau du premier ministre pour que ce cadre supérieur obtienne au moins l'équivalent du salaire d'un sous-ministre (129 000$, à l'époque), rien n'y fit.

Et ce qui devait arriver arriva. Il fut rapidement récupéré par le secteur privé qui lui offrait trois fois plus que ce qu'il gagnait à la CSST. Mauvais calcul gouvernemental...

Dans le même ordre d'idées, le CPQ s'opposa vivement, en 1986, à la décision du gouvernement Bourassa, basée sur la recommandation d'un groupe de travail du secteur privé, de ne plus remettre des jetons de présence aux administrateurs externes des sociétés d'État (Hydro-Québec, SGF, Caisse de dépôt et placement, CSST), ou des conseils consultatifs. En fait, seul le ministre Claude Ryan avait maintenu les jetons de présence au Conseil supérieur de l'éducation.

Les arguments que le CPQ opposait au non-paiement de tels jetons de présence étaient pour l'essentiel les suivants :
✓ ces jetons étaient généralement symboliques;
✓ travailler pour l'État ne signifie pas automatiquement «bénévolat»;
✓ le temps passé au service de l'État devait être repris, dans la plupart des cas, par les administrateurs dans leurs entreprises ou leurs organisations. Une reconnaissance pécuniaire compensait quelque peu une charge additionnelle de travail.

Le gouvernement ne retint pas ces objections et alla de l'avant.

«Économie de bouts de chandelles», commenta le CPQ.

◆ Jouer dur, mais sans haïr éternellement!

On peut jouer dur à l'Assemblée nationale, c'est de bonne guerre. La politique est ainsi faite que ceux qui ne peuvent encaisser des coups durs n'y ont pas leur place (if you can't stand the heat, get out of the kitchen).

Combien de coups durs a dû encaisser Robert Bourassa, par exemple, durant ses quatre mandats comme chef du gouvernement du Québec?

Mais les élus ne sont pas pour autant condamnés à se haïr éternellement, quelles que soient leurs options politiques. Plusieurs deviennent même de bons amis!

Une excellente illustration de cette affirmation, qu'avait d'ailleurs saluée avec beaucoup de respect le CPQ, est cette motion unanime de l'Assemblée nationale présentée par le premier ministre Lucien Bouchard, pour que la centrale LG1 porte désormais le nom de ROBERT BOURASSA.

C'était là, pour le «père» de la Baie James, de la part de ses ex-collègues de l'Assemblée nationale, quelques jours seulement après sa mort, un hommage bien mérité, transcendant la politique partisane.

Quelques années plus tard, en 2008, dans un geste sans précédent, à l'occasion des fêtes du 400e anniversaire de la Ville de Québec, le premier ministre Jean Charest rendra un hommage du même ordre à sept anciens premiers ministres du Québec d'options politiques différentes, en les élevant au rang de grands officiers de l'Ordre national du Québec. «Chacun d'entre eux a contribué à bâtir notre société moderne. Ils méritent d'être honorés», proclama M. Charest.

◆ Les commissions parlementaires. Oui, mais...

On pourrait en raconter de belles sur les hauts et les bas du fonctionnement de certaines commissions parlementaires!

Régulièrement présent aux travaux de celles-ci durant ces trente années, le CPQ pourrait amplement commenter le sujet.

Studieuses pour la plupart, généralement bien présidées, ces commissions sont sûrement utiles aux législateurs et généralement bienvenues par les groupes organisés qui profitent de ces occasions pour «passer leur message». Mais certaines ont fait parler...

✓ Ce fut le cas de cette Commission parlementaire de 1996, convoquée par la ministre responsable de l'Office de la langue française, Mme Louise Beaudoin, qui se demandait si on devait remettre en place la Commission de protection de la langue française, qui avait été abolie par les libéraux en 1993 parce qu'elle était vue comme «la police de la langue». Ce qui n'avait rien de bien positif.

À peu près tous les groupes représentatifs dignes de ce nom qui ont défilé devant les membres de la Commission parlementaire chargée d'étudier la question, de la CSN au CPQ, en passant par l'Union des artistes et quantité d'autres groupes, pour différentes raisons, ont estimé que ce serait une mauvaise idée de recréer cette Commission.

Et bang! Dans son discours de fermeture des travaux de la Commission parlementaire, sans même se donner une période de réflexion pour analyser les propos entendus, Mme Beaudoin annonça la recréation de l'organisme. Ce qui fut fait dès le début de 1997.

Utile cette Commission parlementaire? Ou perte de temps et d'argent?

✓ M. Claude Ryan, ministre des Affaires municipales de 1990 à 1994, un homme admiré au CPQ pour son intelligence, son honnêteté, sa droiture et ses habiletés personnelles convoque une Commission parlementaire sur la fiscalité municipale lors de la réforme de 1991-1992.

Le CPQ était parmi les invités de cette Commission. Après quelques changements à l'horaire des auditions, il a finalement pu être entendu vers 21 heures, un certain soir de semaine.

Il n'y a rien de pire que de présenter un mémoire à une commission parlementaire en soirée, surtout lorsque le dossier est à caractère «technique». Les députés sont fatigués, parfois gamins et ne sont pas nécessairement à l'écoute. Au CPQ, nous faisions tout pour être entendus le jour plutôt que le soir.

Ce soir-là, la délégation du CPQ présente donc son mémoire (20 minutes), et demeure ensuite disponible pour la période de questions et de réponses (40 minutes à l'époque).

Fiasco! Chaque fois que le CPQ s'adresse au ministre, celui-ci n'écoute pas, discute avec ses conseillers, fait les cent pas... En somme, il est complètement indifférent. On demande au président de rappeler le ministre à l'ordre, sans résultat.

Dans l'histoire du CPQ, pour la première et la seule fois, les représentants du CPQ à la table de la commission ont fermé leurs dossiers et quitté la salle!

En se demandant même si le ministre s'en était rendu compte. Mais celui-ci a rappelé le lendemain pour s'excuser...

✓ Mme Lise Bacon, alors ministre de l'Énergie et des Ressources, avait désigné une Commission parlementaire pour discuter notamment des tarifs d'électricité consentis aux alumineries.

Son vis-à-vis de l'opposition officielle était M. Guy Chevrette, qui avait lui-même été longtemps ministre dans les cabinets péquistes précédents.

Dans le cadre de ce genre de travaux, la plupart des groupes ont l'habitude de remettre, soit aux représentants du gouvernement, soit à ceux de l'opposition, selon les cas, une liste des questions qu'ils souhaitent qu'on leur pose, leur permettant de clarifier leurs positions.

La période de questions est en cours, Mme Bacon nous pose certaines des questions que nous lui avons suggérées. Bien sûr, nos réponses sont structurées, directes, on ne peut plus claires et sans louvoiement.

M. Chevrette s'insurge, l'interrogatoire lui paraît trop organisé à son goût... Mal lui en prit... Les délégués du CPQ lui rappellent que le PQ utilisait exactement la même stratégie quand il était au pouvoir, et que ses collègues se prêtaient, avec raison, à cette façon de faire permettant de faire avancer les débats.

Il n'y a rien de plus désagréable, en effet, pour des invités à une commission parlementaire que d'assister à des combats de coqs entre les représentants du gouvernement et ceux de l'opposition, qui «s'invectivent» à qui mieux mieux sans faire avancer le dossier d'un iota.

Combien de fois avons-nous assisté, impuissants, à de vifs échanges entre les porte-parole du gouvernement et ceux de l'opposition officielle, sans pouvoir dire un seul mot, et avec une seule idée en tête : déguerpir !

Comme le dit si bien Martine Hébert dans son volume sur le lobbying[*]: «Il faut que les intervenants aient du "punch" en commission parlementaire». Les intervenants, mais pas nécessairement les députés! Ceux-ci ont bien d'autres occasions, à l'Assemblée nationale par exemple, de «puncher». En commission parlementaire, ils doivent donner la possibilité de s'exprimer à leurs invités. C'est la moindre des conditions pour rendre les commissions parlementaires utiles!

---

[*] HÉBERT, Martine. *Les secrets du lobbying ou l'art de bien se faire comprendre du gouvernement*, Éditions Varia, 2003.

✓ Une autre Commission parlementaire mémorable est celle de l'automne 1977 sur le projet de loi 45 amendant le Code du travail. On retrouvait de tout dans ce projet : Loi anti-briseurs de grève, Formule Rand, tous les trucs possibles et imaginables pour favoriser la syndicalisation et rendre la grève beaucoup plus efficace. Ou, si on veut résumer le projet à partir des propos de l'ex-directeur du département des relations industrielles de l'Université Laval, l'abbé Gérard Dion : «D'un côté des clauses contraignantes qui interviennent dans la marche des entreprises; de l'autre des "sparages" quand il s'agit d'intervenir dans la marche des syndicats.[*]»

Malgré la démonstration étoffée du patronat, la qualité de ses propos et la crédibilité de ses porte-parole, seuls deux amendements ont résulté de cette Commission parlementaire. L'un autorisait une entreprise, en cas de grève, à se protéger contre la destruction de sa propriété et contre la détérioration grave de ses biens meubles ou immeubles! L'autre précisait que l'employeur pourrait faire la preuve du bien-fondé de sa décision devant un arbitre dans le cas où il refuserait de reprendre à son service un gréviste ayant commis des actes répréhensibles!

«Quelles belles concessions gouvernementales au patronat! Comme si ces deux "concessions" n'étaient pas des règles élémentaires sans lesquelles il n'y aurait même plus de société civilisée», écrivait alors le CPQ, fortement ébranlé par les résultats de cette Commission parlementaire dévouée à la cause syndicale.

Notons que la CSN et la CEQ (devenue la CSQ) se sont prononcées contre ces deux amendements, préférant sans doute la loi de la jungle! Rendons justice cependant à la FTQ qui a évité de soutenir une thèse aussi outrancière!

---

[*] DION, Gérard. *Le Devoir*, automne 1977, Lettre ouverte au ministre du Travail.

✓ Terminons en rappelant les succès obtenus par le CPQ lors d'une importante Commission parlementaire sur la possible création d'une Commission des relations du travail proposée par le ministre du Travail, M. Pierre Paradis, les 9 et 10 juin 1987.

Même s'il tenait toujours à assister aux audiences qui avaient lieu le jour, ce 10 juin 1987, le CPQ, s'il voulait être entendu, n'eut pas d'autre choix que de témoigner en toute fin de soirée, en l'absence des médias. Ce qui réjouissait probablement le ministre qui était mal à l'aise avec le mémoire du CPQ.

Mais c'était sans compter sur les bonnes relations du CPQ avec les médias, que ceux-ci soient présents ou non à une commission parlementaire.

Voici ce qu'écrivait quelque temps plus tard l'éditorialiste, Jean Francoeur, du *Devoir*[*] :

«Une Commission parlementaire tint des audiences publiques les 9 et 10 juin (sur la création possible d'une Commission des relations du travail). Les associations syndicales (à l'exception de la CSD qui refusa carrément d'en discuter, soutenant que le problème n'était pas là, mais ailleurs) vinrent y confirmer leur accord de principe, sous réserve d'amendements majeurs qui, notamment, élargiraient le champ de compétences de la nouvelle Commission».

«Quant aux associations patronales, manifestement, elles ne s'étaient pas concertées. L'Association canadienne des manufacturiers (division du Québec) ne savait pas trop quoi penser d'un projet qu'elle n'avait pas eu le temps d'étudier à fond. La Fédération canadienne de l'entreprise indépendante choisit de prendre une tangente en faisant valoir que c'est tout le régime qu'il fallait repenser pour tenir compte des petites et moyennes entreprises. La Chambre de commerce du

---

[*] FRANCOEUR, Jean. *Le Devoir*, 20 juillet 1987.

Québec, habituellement très radicale, se fit presque conciliante: d'accord, avec amendements».

«Ce ne fut qu'en fin de soirée, aux dernières heures de la Commission parlementaire, que l'orage éclata».

«Le Conseil du patronat du Québec, considéré à juste titre comme l'association patronale la plus responsable, la plus crédible, la plus modérée même, s'amena devant la Commission avec une batterie de conseillers juridiques de très haut calibre pour se livrer à une critique du projet de loi qui se révéla dévastatrice. La tornade ne laissa rien derrière elle qui tint debout. Un véritable éreintement pour le ministre qui en resta littéralement sans voix. L'opposition, surprise en flagrant délit de complaisance, n'était guère en meilleure posture».

«C'est en vain que le ministre tenta par la suite de raccommoder son projet de loi pour le rendre plus acceptable. Il ne réussit qu'à durcir l'attitude des centrales syndicales qui en appelèrent auprès du premier ministre. L'opposition, sortie de sa somnolence, refusa de donner son accord, ce qui fournit au gouvernement un excellent prétexte pour reporter à l'automne l'étude du projet.»

Cette Commission des relations du travail ne vit jamais le jour sous les libéraux, mais sous les péquistes en 2002.

◆ Bernard Landry, un homme «parlable»... et convaincu

Que ce soit comme ministre des Finances, ministre de l'Industrie etdu Commerce ou ministre de la Science et de la Technologie, M. Bernard Landry fut un des représentants ministériels péquistes les plus disponibles pour les gens d'affaires. M. Landry ne s'était d'ailleurs pas gêné pour le dire haut et fort en plein congrès péquiste, estimant qu'il ne faisait que son job de développeur économique en rencontrant, pendant certaines périodes, davantage les gens d'affaires que ses commettants. Ce que nous avons constaté par ailleurs, c'est que M. Landry avait toujours le même schéma de rencontres, que ce soit à son bureau ou à l'extérieur. En première partie, il prenait connaissance, avec ouverture, du dossier présenté. Dans un deuxième temps, il en discutait et voyait comment le dossier pourrait être abordé. Mais dans un troisième temps, c'était invariablement le même scénario pour lequel il s'était d'ailleurs réservé du temps : «Pourquoi, demandait-il alors à ses interlocuteurs, étaient-ils fédéralistes et non convaincus de la souveraineté?». Puis, il partait dans une envolée oratoire bien sentie pour les convaincre du bien-fondé de ses propres convictions.

Il faut dire que le scénario nous était tellement connu, que nous en prévenions à l'avance nos invités.

Mais l'objet de cette anecdote est surtout de rappeler comment l'homme était fier et convaincu de ses dires. Personne ne pourra jamais lui reprocher de ne pas avoir toujours défendu la «cause», même devant les plus imperméables, comme nous et la très grande majorité de nos invités...

◆ Lucien Bouchard, le «gentleman»

En mars 1996, M. Bouchard convoque une cinquantaine de partenaires à une grande conférence tenue à Québec où divers thèmes sont abordés et plusieurs consensus réalisés. Notamment sur la réduction progressive du déficit budgétaire du gouvernement et sur l'élimination du déficit des dépenses courantes en deux ans.

D'autres consensus importants y sont également obtenus.

Cependant, avant d'énumérer ces consensus aux participants, en plénière, M. Bouchard tient à s'assurer qu'il les «possède» bien. Il demande alors aux représentants des organisations patronales de prendre une quinzaine de minutes pour en discuter avec lui, en aparté. Tout se passe bien, les participants patronaux et le premier ministre Bouchard sont d'accord sur l'énumération proposée. Mais voilà qu'à ce moment précis, un proche collaborateur de M. Bouchard lui «souffle» qu'il y a eu aussi un accord patronal pour que le gouvernement légifère en matière d'équité salariale.

165

Étonnement des représentants patronaux : il n'y a jamais eu de consensus sur ce dossier vivement contesté! Même plus, on n'en a même pas discuté, le premier ministre sachant fort bien qu'il s'agit d'un «nid de chicanes», ce qu'il ne veut surtout pas.

Entêté, le conseiller nous fait remarquer que si certains ont «perdu» des bouts de discussion à la Conférence, c'est tant pis pour eux, mais que le premier ministre doit absolument mentionner ce consensus.

Nouvel étonnement des participants patronaux. Mais cette fois, c'est M. Bouchard qui prend la parole et qui confirme, en véritable gentleman, que la question n'a jamais été abordée lors de la Conférence!

OUF! Fin, bien sûr, de la discussion.

⚜ ⚜ ⚜

C'est ce même conseiller spécial qui, au Sommet de l'économie et de l'emploi de l'automne suivant, organisé par M. Bouchard toujours, a «poussé dans la gorge» des représentants des associations de PME (petites et moyennes entreprises), la réduction de la semaine normale de travail de 44 à 40 heures.

Sa stratégie? Comme M. Bouchard avait invité les représentants d'une bonne douzaine de très grandes entreprises qui avaient déjà des semaines de travail de 32 heures et demie ou de 35 heures, ce collaborateur les a d'abord convaincus de l'idée (ce qui, dans les circonstances, était très facile) de la réduction de 44 à 40 heures, leur demandant de convaincre à leur tour les porte-parole des PME, dont celui de la Fédération canadienne de l'entreprise indépendante (FCEI), tout en leur soulignant qu'ils ne se feraient pas une « bonne image » en appuyant la réticence prévisible des représentants des PME.

Après bien des négociations entre grandes et petites entreprises, le CPQ, avec d'autres, demanda finalement à M. Bouchard de procéder à la réduction des heures normales de travail de 44 à 40 heures, mais sur une période de quatre ans, ce qui permettait aux PME de s'adapter...

Et M. Bouchard en fit l'annonce sur-le-champ.

Louise Harel, ministre de l'Emploi et de la Solidarité (1996-1998) dans le cabinet de Lucien Bouchard, est accueillie en 1996 au Bureau des Gouverneurs du CPQ, par Jim Hewitt, président du conseil d'administration (à gauche) et Ghislain Dufour, président (à droite).

Ghislain Dufour, président du CPQ (à gauche) en compagnie de Jean Campeau, un des deux présidents de la Commission Bélanger-Campeau, novembre 1990.

Le CPQ honore Claude Ryan, journaliste, analyste politique et ex-ministre du gouvernement Bourassa. De gauche à droite : Ghislain Dufour, Claude Ryan, Jim Hewitt, alors président du Conseil d'administration du CPQ, juin 1996.

Lancement de la coalition pro-Grande-Baleine, avril 1991. De gauche à droite : Clément Godbout (président de la FTQ), Ghislain Dufour et Richard Le Hir (Association des Manufacturiers du Québec) qui deviendra plus tard ministre délégué à la restructuration dans le cabinet Parizeau en 1994-1995. Dès son arrivée comme premier ministre du Québec en 1994, Jacques Parizeau a mis la hache dans le projet Grande-Baleine.

Un moment de détente lors du Grand Prix automobile de juin 1993.
De gauche à droite : André Tranchemontagne, député de Mont-Royal
de 1998 à 2003, Ghislain Dufour et Gérald Tremblay, ministre de
l'Industrie, du Commerce et de la Technologie de 1989 à 1994.

Lors d'une des nombreuses visites à l'étranger du ministre
des Affaires internationales, John Ciaccia, de 1989 à 1994,
cette fois à la Confédération patronale italienne à Rome. De
gauche à droite : John Ciaccia, Ghislain Dufour et Gilles Loiselle,
alors délégué du Québec à Rome et futur ministre à Ottawa.

Ghislain Dufour accueille, au CPQ, Monique Gagnon-Tremblay, alors ministre déléguée à la Condition féminine, octobre 1987.

Paul Gobeil, ex-président du Conseil du Trésor (1985-1988) s'adresse aux membres du CPQ lors du 25e anniversaire de l'organisme, janvier 1994.

Séance de clôture du Sommet sur l'économie et l'emploi organisé par le premier ministre Lucien Bouchard, novembre 1996. À l'avant plan: Daniel Johnson (fils), alors chef de l'opposition officielle (1994-1998). Deuxième rangée, de gauche à droite : Gérald Ponton (AMC), Gérald Larose (CSN), Ghislain Dufour et Lorraine Pagé (CEQ).

Ghislain Dufour assure le ministre délégué aux Affaires intergouvernementales canadiennes, Gil Rémillard, invité au bureau des gouverneurs du CPQ, de l'appui indéfectible du CPQ à l'Accord du lac Meech, décembre 1989.

Yves Séguin (à gauche), ministre du Travail dans le gouvernement
Bourassa de 1987 à 1990, en présence de Ghislain Dufour, participe
à l'annonce de la création d'un ministère de l'Emploi, novembre 1989.

Ghislain Dufour reçoit au CPQ, Bernard Landry,
alors ministre des Finances, juin 1996.

Début 1977, le premier ministre René Lévesque (au centre)
écoute, À l'œil sévère, les doléances du CPQ présentées par
Pierre Des Marais II, président (à droite) et Ghislain Dufour,
alors vice-président exécutif, à gauche.

Louise Robic, alors ministre des Communautés culturelles et
de l'Immigration, remet à Ghislain Dufour la médaille
Édouard-Montpetit du nom du fondateur de la faculté des
sciences sociales de l'Université de Montréal, novembre 1988.

Le CPQ reçoit dans son très sélect Club des entrepreneurs, Guy Saint-Pierre, ministre sous le gouvernement Bourassa de 1970 à 1976. Dans l'ordre : Ghislain Dufour, président, Guy Saint-Pierre et Jim Hewitt, président du conseil d'administration, juin 1996.

Le président du CPQ, Denis Beauregard, et le président du Conseil d'administration du CPQ, Ghislain Dufour, accueillent Pauline Marois, alors ministre de l'Éducation et de la Famille, à une réunion du bureau des gouverneurs du CPQ, juin 1997.

L'ex-premier ministre Pierre Marc Johnson, lors d'un voyage
en Israël organisé par la Chambre de commerce Canada-Israël,
au printemps 1993. À gauche : Guy Laflamme, président du conseil
d'administration du CPQ; à droite : le président Ghislain Dufour.

Le premier ministre Robert Bourassa entouré de Ghislain Dufour,
vice-président exécutif du CPQ (à gauche) et de Sébastien Allard,
président du CPQ, en pleine conférence de presse, le 29 avril 1986.

Le premier ministre Lucien Bouchard et Ghislain Dufour jettent
un coup d'œil sur la salle de presse, avant une conférence
de presse conjointe, le 1ᵉʳ avril 1997.

CHAPITRE 12
Quelques citations célèbres...
parmi des centaines d'autres

Tout citoyen a le droit d'utiliser et le droit d'apprendre une langue officielle de son choix.

— M. Pierre Elliott Trudeau, ministre fédéral de la Justice en 1967, cité par la très honorable Adrienne Clarkson, le 26 octobre 2007. Devenu par la suite premier ministre du Canada, M. Trudeau traduira dans les faits cette affirmation en créant en 1969 la Loi sur les langues officielles. (Au Québec, M. Jean-Jacques Bertrand est alors premier ministre.)

Aujourd'hui, nous, Québécois, sommes assez forts, assez confiants pour faire face aux grands problèmes économiques de l'heure. Nous sommes aussi assez ingénieux, assez entreprenants, assez enthousiastes, pour nous épanouir au Québec.

— M. Pierre Elliott Trudeau, premier ministre du Canada, lors d'une causerie à Sept-Îles le 4 septembre 1970, sous le gouvernement de M. Robert Bourassa. Cité par CBC : Les dix premiers grands Canadiens.

Il paraît qu'il ne mange que des hot-dogs, celui-là.

— M. Pierre Elliott Trudeau, premier ministre du Canada, à Québec, à l'occasion d'un congrès du PLC, en parlant de M. Robert Bourassa.

Et M. Trudeau d'en rajouter :

Le premier ministre Bourassa comprendra-t-il cela (qu'il ne peut consentir à Québec ce qu'il a refusé à Vancouver) en 24 heures? [...] Je lui donne deux ou trois jours pour comprendre.

— LA ROCHELLE, Louis, *En flagrant délit de pouvoir : chronique des événements politiques de Maurice Duplessis à René Lévesque*, Montréal, éditions du Boréal Express, 1982, cité par Wikipédia.

Plus ça va, plus Pierre Elliott Trudeau est en train de finir comme Duplessis, qu'il a tant combattu, c'est-à-dire méprisant, arrogant, dans son incertitude déclinante.

— M. René Lévesque, chef du Parti québécois. *La Presse*, le 8 mars 1976, citée dans le petit livre rouge *Les citations de René Lévesque*, Éditions Héritage, Montréal, 1977.

Je n'ai jamais pensé que je pouvais être aussi fier d'être Québécois [...] Nous ne sommes pas un petit peuple. Nous sommes peut-être quelque chose comme un grand peuple.

— M. René Lévesque, nouveau premier ministre du Québec, le soir du 15 novembre 1976 qui portait le Parti québécois au pouvoir pour la première fois.

Je suis conscient du poids énorme que les Québécois viennent de nous placer sur les épaules.

— Le premier ministre du Québec, M. René Lévesque, au lendemain de la première victoire du Parti québécois. Le *Journal de Montréal*,

16 novembre 1976, et rapportée dans le petit livre rouge *Les citations de René Lévesque*, Montréal, Éditions Héritage, 1977.

L'indépendance (du Québec) est inévitable.

— M. René Lévesque, premier ministre du Québec, le 25 janvier 1977, devant l'*Economic Club* de New-York. GODIN Pierre, *René Lévesque : l'homme brisé*, tome 4, Éditions du Boréal, 2005.

La séparation du Québec serait un crime contre l'humanité.

— M. Pierre Elliott Trudeau, premier ministre du Canada, en visite à Washington, le 8 mars 1977. FRASER, Graham, *Le Parti québécois*, Libre Expression, 1984.

Nous mettons nos sièges en jeu.

— M. Pierre Elliott Trudeau, premier ministre du Canada, au centre Paul Sauvé, à Montréal, le 14 mai 1980, alors qu'il promet de renouveler le fédéralisme si le NON l'emporte. FRASER, Graham, *Le Parti québécois*, Libre Expression, 1984.

Si je vous comprends bien... vous êtes en train de dire... à la prochaine fois [...] la balle étant maintenant dans le camp fédéral qui doit remplir ses promesses.

— M. René Lévesque, premier ministre du Québec, le soir du 20 mai 1980, constatant l'échec du OUI au référendum. *L'Annuaire du Québec 1979-1980*

Trahison honteuse, tromperie!

— M. René Lévesque, premier ministre du Québec, au lendemain de la Conférence fédérale-provinciale des 2 au 5 novembre 1981 sur la

Constitution et de l'entente fédérale-provinciale à laquelle le Québec n'a pas adhéré. GODIN, Pierre, *René Lévesque*, tome 3, Éditions du Boréal, 2001.

Le Québec sera «toujours» une société distincte, libre et capable d'assumer son destin et son développement.

— M. Robert Bourassa, premier ministre du Québec, le 22 juin 1990, à l'Assemblée nationale du Québec, au lendemain de l'échec de l'Accord du lac Meech que notamment Clyde Wells de Terre-Neuve avait refusé de ratifier.

Quand j'ai été défait lors de l'élection de 1976, j'ai bien étudié le fonctionnement du marché commun européen. C'est là une des plus grandes réalisations de l'histoire humaine!

— M. Robert Bourassa, premier ministre du Québec, au magazine *Time*, le 9 juillet 1990, dans la foulée du rejet de l'Accord du lac Meech (traduction).

Le Canada est notre premier choix.

— M. Robert Bourassa, premier ministre du Québec, dans son discours de clôture, le 9 mars 1991, une fois que le congrès libéral eut adopté presque sans modifications, le rapport Allaire comme plate-forme constitutionnelle. (Site du gouvernement du Québec, *Chronologie de l'histoire du Québec*, http : //pagesinfinit.net/histoire /quebech8.html).

Du rapport Bélanger-Campeau, je retiens le consensus très important sur la nécessité d'un changement majeur de nos institutions politiques et la volonté très profonde du peuple québécois d'une très grande autonomie.

— M. Robert Bourassa, premier ministre du Québec, dans son discours de clôture des travaux de la Commission Bélanger-Campeau, le 27 mars 1991. Journal des débats de l'Assemblée nationale du Québec, page 2295.

Je me délecte!

— M. Jacques Parizeau, premier ministre du Québec, quelques jours avant le référendum du 30 octobre 1995, commentant sur les ondes de *RDI* la décision de sept entreprises du secteur parapublic et péripublic de se retirer du CPQ à cause de son appui au NON. Archives du CPQ.

Le OUI a été battu par l'argent et les votes ethniques!

— M. Jacques Parizeau, premier ministre du Québec, le 30 octobre 1995, après la victoire du NON au référendum. DUCHESNE, Pierre, *Jacques Parizeau*, tome 3, Éditions Québec Amérique, 2004.

Il ne s'agit pas de substituer à l'action des échanges de décibels.

— M. Lucien Bouchard, premier ministre du Québec, quelques jours avant la Conférence économique de Québec, mars 1996. *La Presse*, 16 mars 1996.

CONCLUSION

Comme je l'ai indiqué d'entrée de jeu, cet essai est loin d'être exhaustif.

Raconter l'histoire des relations entre le patronat organisé et onze gouvernements successifs, sur une période de trente ans, ne permet pas d'aborder tous les thèmes qui ont façonné l'actualité.

D'ailleurs, chacun des thèmes exposés dans ce livre, qu'il s'agisse de la question constitutionnelle, de la langue, des lois du travail, du développement économique, de la fiscalité, etc., nécessiterait autant de livres.

Il s'en passe des choses durant trente ans!

En fouillant dans mes archives sur le CPQ, j'ai même réalisé que le dossier des relations entre le CPQ et les grandes centrales syndicales pour les mêmes années, indépendamment de l'intervention de l'État, ou encore le dossier des relations avec le gouvernement fédéral, pourraient noircir davantage de pages que l'on en retrouve ici. Sans parler des relations entre les gouvernements et les syndicats durant toutes ces années.

Souhaitons que quelqu'un, un jour, s'y attarde!

Pour ma part, j'ai essayé ici, de la façon la plus objective possible, de décrire la relation entre le patronat et le gouvernement qui s'exprime au quotidien tant au Québec que dans toutes les autres sociétés organisées. Et une chose est sûre : ces relations sont incontournables, tant pour les gouvernements que pour les entreprises.

ANNEXES

ANNEXE 1
Un survol de l'histoire du Conseil du patronat du Québec, de 1969 à 1998[*]

Le 20 janvier 1969, le Conseil du patronat du Québec (CPQ) voit officiellement le jour à l'occasion d'une assemblée générale de ses membres. Cette naissance officielle vient couronner plusieurs longues années de travail. En fait, les fondateurs du CPQ sont à l'œuvre depuis... 1963.

Le CPQ inaugure ses activités sous la présidence de M. Charles Perrault (alors président de Casavant et Frères de Saint-Hyacinthe), et de M. Ghislain Dufour (alors conseiller principal au Centre des dirigeants d'entreprise [CDE]), en qualité de directeur adjoint.

Il s'installe d'abord dans des locaux prêtés par la compagnie CIL, située sur le boulevard Dorchester (aujourd'hui boulevard René-Lévesque), à Montréal, puis s'établit à la Maison du commerce pour les cinq premières années de son existence. Il déménage en 1974 au 2075, rue University, à Montréal. Il est maintenant situé au 1010, rue Sherbrooke Ouest, à Montréal.

---

[*] Pour plus d'informations, voir DUFOUR, Ghislain. *Ghislain Dufour témoigne des 30 ans du CPQ*, Éditions Transcontinental, 2000.

D'inspiration européenne, le CPQ est le fruit de multiples efforts entrepris par des gens d'affaires désireux de donner à la pensée patronale plus de cohérence et à son action publique, plus de cohésion. Devant un État de plus en plus organisé et un syndicalisme revendicateur déjà doté d'une vaste expérience de l'action politique, le CPQ reçoit alors le mandat de marquer l'évolution concrète de la société québécoise par une présence patronale forte, effective, transparente, et ce, malgré la dispersion traditionnelle des groupes patronaux.

Dès 1969, le CPQ regroupe 25 associations patronales désireuses de participer à l'action du premier véritable Conseil du patronat en Amérique du Nord. De même, il reçoit l'appui d'une cinquantaine des plus grandes entreprises québécoises. En 1998, il regroupait plus ou moins 125 associations patronales aux missions les plus variées et plus ou moins 450 entreprises basées au Québec.

Passons en revue les jalons les plus significatifs de l'évolution du CPQ.
Janvier 1969 : Lancement officiel du CPQ sur la place publique.

Mai 1976 :   M. Charles Perrault quitte le CPQ pour fonder sa propre firme de consultation. Il est remplacé par M. Pierre Des Marais II, président-directeur général de Pierre Desmarais inc. et de ses filiales, un des plus importants complexes dans le domaine de l'imprimerie au Canada. Administrateur de plusieurs entreprises, il est également maire d'Outremont et vice-président du comité exécutif de la Communauté urbaine de Montréal.

Mai 1978 :   M. Pierre Côté, président de Laiterie Laval ltée à Québec et administrateur d'une quinzaine d'entreprises, succède à M. Pierre Des Marais II à la présidence.

Mai 1982 :   M. Sébastien Allard, vice-président principal de la Royale du Canada, compagnie d'assurance, succède à M. Pierre Côté et devient le quatrième président du CPQ.

Juin 1986 :   Le CPQ modifie ses structures : l'organisme sera dorénavant sous la responsabilité d'un président du conseil d'administration et d'un président.

    M. Marcel Bundock, président de Produits Easterntube inc., à Drummondville, et administrateur de diverses sociétés, est nommé président du conseil d'administration et M. Ghislain Dufour, jusque-là vice-président exécutif, accède à la présidence.

Juin 1988 :   Mme Jeannine Guillevin-Wood, présidente et chef de la direction de Guillevin International Cie, remplace M. Marcel Bundock à la présidence du conseil d'administration pour un mandat de deux ans.

Janvier 1989 :   Le CPQ fête le 20e anniversaire de sa création.

Juin 1990 :   M. Guy Laflamme, président et chef de la direction de Les Industries de la Rive Sud ltée, remplace Mme Jeannine Guillevin-Wood à la présidence du conseil d'administration pour un mandat de deux ans.

Janvier 1994 :   Le CPQ fête avec beaucoup de panache son 25e anniversaire.

Juin 1994 :   M. Jim Hewitt, président et chef de la direction de Hewitt Équipement ltée, remplace M. Guy Laflamme à la présidence du conseil d'administration.

Juin 1996 :   M. Ghislain Dufour, associé au CPQ depuis sa fondation en 1969 et président depuis 1986, remet sa démission de la présidence, démission prenant effet le 1er février 1997.

Février 1997 : M. Denis Beauregard, président de Percom inc. et ex-directeur de la recherche au CPQ, est nommé président du CPQ.

Février 1997 : M. Ghislain Dufour devient président du conseil d'administration en remplacement de M. Jim Hewitt.

Janvier 1998 : M. Denis Beauregard quitte ses fonctions de président. Il est temporairement remplacé par un comité de transition formé de MM. Sébastien Allard, ex-président du CPQ, de Paul Bouthillier, président de Lavo ltée, et de Jacques Garon, directeur de la recherche au CPQ. Le comité est coordonné par M. Ghislain Dufour, président du conseil d'administration.

Juin 1998 : M. André Y. Fortier, président et chef de la direction de GeoNova Exploration inc., remplace M. Ghislain Dufour à titre de président du conseil d'administration.

Juin 1998 : M. Gilles Taillon devient président du CPQ. Il sera remplacé huit ans plus tard par M. Michel Kelly-Gagnon, et retournera à l'Institut économique de Montréal en 2009.

ANNEXE 2

Un survol de la vie politique provinciale au Québec, sous onze gouvernements successifs, de 1969 à 1998[*][**]

1969 :   C'est l'Union nationale qui est au pouvoir lors de la naissance du Conseil du patronat. M. Jean-Jacques Bertrand a été désigné premier ministre et président du conseil exécutif, le 2 octobre 1968, à la suite du décès du premier ministre M. Daniel Johnson (père). Il est officiellement choisi chef de l'Union nationale en juin 1969.

   M. Bertrand occupera la fonction de premier ministre jusqu'au 29 avril 1970.

1970 :   M. Robert Bourassa est choisi, en janvier, chef du Parti libéral à la place de M. Jean Lesage, démissionnaire. Il est la victoire avec 72 sièges sur 108. M. Bourassa n'a alors que 36 ans.

---

[*] Principales sources d'informations :
  - Informations historiques de l'Assemblée nationale du Québec.
  - Index chronologique des principales prises de position du CPQ (1969 à 1998).
  - Sur Internet : Wikipédia (avec les réserves habituelles) (1969 à 1998).

[**] Les titulaires des divers ministères par cabinet, de 1969 à 1998, sont identifiés sur le site Internet du Gouvernement du Québec - Assemblée nationale - Informations historiques : http://www.assnat.qc.ca/fra/patrimoine/index.html.
  Il serait trop long de les identifier tous, compte tenu également des nombreux remaniementsministériels qui ont eu cours durant cette période.

1973 :   Décès, le 23 février, de M. Jean-Jacques Bertrand.

Le premier ministre Robert Bourassa déclenche des élections générales le 25 septembre 1973 et fait élire, le 29 octobre, 102 députés.

1976 :   Le premier ministre Robert Bourassa déclenche des élections générales, le 18 octobre. Le 15 novembre, le Parti libéral du Québec, avec 26 sièges, doit laisser sa place au Parti québécois qui en recueille 69.

M. René Lévesque prête serment comme premier ministre quelques jours plus tard.

1980 :   Le premier ministre René Lévesque déclenche un référendum sur la souveraineté-association qui a lieu le 20 mai, référendum qu'il perd, n'obtenant que 40,44 % de votes favorables à sa proposition.

M. Jean Lesage, premier ministre du Québec de 1960 à 1966, décède le 12 décembre 1980.

1981 :   Le premier ministre René Lévesque déclenche des élections générales le 13 avril et obtient 80 sièges contre 42 pour les libéraux.

Le 5 novembre, neuf provinces canadiennes signent l'Accord constitutionnel qui donne le feu vert au rapatriement de la Constitution canadienne. Le gouvernement du Québec s'exclut de l'Accord.

Le 1er décembre, une résolution unanime de l'Assemblée nationale proclame l'opposition du Québec à l'Accord constitutionnel du 5 novembre.

1982 :   L'année est notamment marquée par une refonte complète de la Loi sur la législature et par la sanction de la Loi sur les conditions de travail et le régime de pension des députés.

1983 :   Retour de M. Robert Bourassa comme chef du Parti libéral du Québec, après son « exil » en Europe à la suite de la défaite de 1976.

1985 :   M. René Lévesque démissionne de la présidence du PQ. Le 20 juin, Mme Nadia Assimopoulos, le remplace par intérim.

Le 3 octobre, passation des pouvoirs à M. Pierre Marc Johnson qui devient alors premier ministre.

M. Pierre Marc Johnson ne sera pas longtemps premier ministre. Dès le 23 octobre 1985, il dissout l'Assemblée nationale et décrète des élections.

Le 2 décembre 1985, jour d'élections générales, le Parti libéral obtient 99 sièges et le Parti québécois, 23. Le chef du Parti libéral, M. Robert Bourassa, est cependant défait dans le comté de Bertrand, il se fera élire dans le comté de Saint-Laurent, le 20 janvier 1986.

1987 :   Les premiers ministres des provinces et celui du Canada signent l'Accord du Lac Meech, le 3 juin.

M. René Lévesque décède le 1er novembre 1987.

1989 :   Élections générales le 25 septembre. Le Parti libéral est reporté au pouvoir avec 92 sièges. Le Parti québécois obtient 29 sièges et le Parti Égalité, 4.

1992 :   Lors du référendum canadien sur l'Accord de Charlottetown, le 26 octobre, 43 % des électeurs québécois votent «pour», 56 % «contre». Dans le reste du Canada, 45,5 % des électeurs votent «pour» et 54 % «contre».

1993 :   M. Robert Bourassa annonce sa démission comme premier ministre et chef du Parti libéral du Québec, le 14 septembre, pour des raisons de santé. Il sera remplacé par M. Daniel Johnson (fils), le 14 décembre, comme chef du Parti.

1994 :   M. Daniel Johnson devient premier ministre du Québec, le 11 janvier.

Élections générales le 12 septembre.

Le Parti québécois de M. Jacques Parizeau remporte la victoire avec 77 sièges contre 47 pour les libéraux et 1 pour l'Action démocratique du Québec (M. Mario Dumont).

1995 :   Adoption, en septembre, du texte de la question référendaire qui sera soumise aux Québécois par référendum le 30 octobre.

Ce soir du 30 octobre 1995, la question référendaire proposant la souveraineté du Québec est rejetée par 50,59 % des Québécois, ce qui conduit, à la suite notamment de certains commentaires à l'endroit «des ethnies et de l'argent...» à la démission du premier ministre Parizeau.

1996 :   Le 29 janvier, M. Lucien Bouchard devient premier ministre et forme son premier cabinet.

Décès de M. Robert Bourassa à l'âge de 63 ans, le 20 octobre 1996.

1998 :   La vie politique jusqu'au 15 juin :
Le 2 mars 1998, toujours sous le gouvernement de M. Lucien Bouchard qui sera réélu le 30 novembre 1998, M. Daniel Johnson annonce qu'il quitte la politique. Il sera éventuellement remplacé par M. Jean Charest comme chef du Parti libéral, le 30 avril 1998. M. Charest deviendra premier ministre en mars 2003.

2001 :   En mars 2001, M. Bouchard démissionne et abandonne la
politique. M. Bernard Landry lui succédera.

ANNEXE 3

Tableau synthèse des principaux acteurs gouvernementaux et patronaux, de 1969 à 1998

Années	Gouvernements	Représentants du CPQ
1969-1970	**Jean-Jacques Bertrand** *Union nationale*	**Charles Perrault** Président-directeur général (1969-1976) - *Président de Casavant et Frères ltée* **Ghislain Dufour** Directeur adjoint (1969-1976) - *Ex-conseiller principal au Centre des dirigeants d'entreprise (CDE)*
1970-1973 1er mandat	**Robert Bourassa** *Parti libéral*	**Charles Perrault** Président-directeur général (1969-1976) **Ghislain Dufour** Directeur adjoint (1969-1976)

Années	Gouvernements	Représentants du CPQ
1973-1976 2e mandat	**Robert Bourassa** *Parti libéral*	**Charles Perrault** Président-directeur général (1969-1976) **Ghislain Dufour** Directeur adjoint (1969-1976)
1976-1981 1er mandat	**René Lévesque** *Parti québécois*	**Pierre Des Marais II** Président (1976-1978) - *Président-directeur général, Pierre Desmarais inc.* **Pierre Côté** Président (1978-1982) - *Président, Laiterie Laval ltée* **Ghislain Dufour** Vice-président exécutif (1976-1986)

1981-1985
2e mandat
	René Lévesque
	Parti québécois
		Sébastien Allard
		Président (1982-1986)
		- *Vice-président principal,
		  La Royale du Canada,
		  compagnie d'assurance*
		
		Ghislain Dufour
		Vice-président exécutif
		(1976-1986)

1985	**Pierre-Marc Johnson** *Parti québécois*	**Sébastien Allard** Président (1982-1986) **Ghislain Dufour** Vice-président exécutif (1976-1986)

Tableau synthèse des principaux acteurs gouvernementaux et patronaux,
de 1969 à 1998

Années	Gouvernements	Représentants du CPQ
1985-1989 3e mandat	**Robert Bourassa** *Parti libéral*	**Ghislain Dufour** Président (1986-1996) **Marcel Bundock** Président du conseil d'administration (1986-1988) - *Président, Produits Easterntube inc.* **Jeannine Guillevin-Wood** Présidente du conseil d'adminitration (1988-1990) - *Présidente, Guillevin International Cie*
1989-1993 4e mandat	**Robert Bourassa** *Parti libéral*	**Ghislain Dufour** Président (1986-1996) **Guy Laflamme** Président du conseil d'adminitration (1990-1994) - *Président, Les Industries de la Rive Sud ltée*

Années	Gouvernements	Représentants du CPQ
1993-1994	**Daniel Johnson (fils)** *Parti libéral*	**Ghislain Dufour** Président (1986-1996) **Jim Hewitt** Président du conseil d'administration (1994-1996) - *Président, Hewitt Équipements ltée*
1994-1995	**Jacques Parizeau** *Parti québécois*	**Ghislain Dufour** Président (1986-1996) **Jim Hewitt** Président du conseil d'administration (1994-1996) - *Président, Hewitt Équipements ltée*
1995 au 1998/15/06	**Lucien Bouchard** *Parti québécois*	**Ghislain Dufour** Président (1986-1996) **Denis Beauregard** Président (1997) - Ex-*directeur de la recherche du CPQ* **Ghislain Dufour** Président du conseil d'administration (1997-1998)

ANNEXE 4

Chefs de cabinet des premiers ministres, de 1969 à 1998 (au 15 juin)

Premiers ministres	Années	Chefs de cabinet
Jean-Jacques Bertrand	1969-1970	Jean Loiselle Ronald Corey
Robert Bourassa	1970-1973	Guy Langlois
Robert Bourassa	1973-1976	Benoit Morin
René Lévesque	1976-1981	Jean-Roch Boivin
René Lévesque	1981-1985	Jean-Roch Boivin Martine Tremblay
Pierre Marc Johnson	1985-1985	Guy Versailles
Robert Bourassa	1985-1989	Rémi Bujold Mario Bertrand
Robert Bourassa	1989-1993	Mario Bertrand John Parisella
Daniel Johnson (fils)	1994-1994	John Parisella Pierre Anctil
Jacques Parizeau	1994-1995	Jean Royer
Lucien Bouchard	1996-1998	Gilbert Charland Hubert Thibault

Note : Ce tableau peut comporter des erreurs. La section Historique de l'Assemblée nationale sur le site Internet du gouvernement du Québec - Assemblée nationale ne fait aucune mention en effet des chefs de cabinet des premiers ministres. Les informations ci-dessus ont été obtenues de diverses sources, avec certains risques d'erreurs.

INDEX DES PLUS +++

INDEX DESCRIPTIF DES RÉFÉRENCES

(1) La Commission d'enquête sur la situation de la langue française et des droits linguistiques au Québec, la Commission Gendron, du nom de son président, M. Jean-Denis Gendron, linguiste, avait essentiellement deux mandats : comment assurer les droits linguistiques de la majorité, tout en assurant les droits de la minorité, et comment réaliser le plein épanouissement de la langue française au Québec, aux plans éducatif, culturel, social et économique.

Instituée en décembre 1968, elle ne produira son rapport final que le 13 février 1973. Pour l'essentiel, ce rapport suggérait de faire du français la seule langue officielle du Québec et de déclarer le français et l'anglais langues nationales.

C'est dans la foulée de ce rapport que le gouvernement Bourassa, lors de son deuxième mandat en 1974, fera adopter à l'Assemblée nationale la Loi sur la langue officielle (la loi 22).

(2) La négociation sectorielle signifie qu'au lieu de se faire entreprise par entreprise, selon le régime américain et canadien de relations du travail, la négociation se fait secteur par secteur.

Un syndicat est accrédité pour un secteur donné (au lieu d'une entreprise donnée) et toutes les entreprises de ce secteur sont assujetties à la convention collective négociée en leur nom.

Ce concept, d'inspiration européenne, a pour but d'établir des conditions de travail identiques, sur les plans financier et normatif, dans l'ensemble d'un secteur industriel, commercial ou de services.

Le CPQ, la plupart des entreprises québécoises, surtout les petites et moyennes, mais également les grandes, ne peuvent souscrire à un tel concept.

Qu'en pensent les deux grandes centrales syndicales, la CSN et la FTQ? La CSN, tout au moins à l'époque, était du côté du CPQ, malgré l'intention du ministre du Travail, Pierre Laporte (avant son enlèvement), de légiférer sur la négociation sectorielle. En décembre 1970 la position de la CSN était la suivante :

«La négociation sectorielle, comme prévue par certains et particulièrement par les plus hauts fonctionnaires du ministère du Travail, est susceptible de modifier radicalement la philosophie syndicale actuelle. Sous prétexte de nous demander une certaine adaptation aux réalités nouvelles, l'on pourrait bien obtenir le résultat de saper à la base toute démocratie et toute liberté syndicale. C'est à ce danger que nous sommes confrontés. Un projet de négociation sectorielle dont les conséquences prévisibles conduiraient à porter atteinte gravement à la démocratie et à la liberté syndicales, devra être combattu par la CSN et nos adhérents.*»

Pour sa part, la FTQ y était tout à fait favorable et l'exprimait clairement en décembre 1971 :

---

* SAUVÉ, Robert, juge à la Cour du Québec au Congrès du département des relations industrielles de l'Université Laval, mai 1994.

«Depuis 1967, le débat public autour de cette question s'est graduellement élargi et s'est surtout accroché autour de deux expressions : la syndicalisation massive des travailleurs d'une part, et d'autre part la négociation sectorielle.»

«Il est important et urgent en 1971 de réaffirmer et de préciser nos revendications du congrès de 1967 : permettre au travailleur de se syndiquer par secteur, s'il ne peut pas le faire usine par usine, magasin par magasin, ou bureau par bureau.»[**]

(3) Une loi anti-briseurs de grève (ou anti-scabs) a pour objectif d'interdire l'embauche de travailleurs substituts à l'occasion d'une grève ou d'un lock-out.

Selon le patronat, une telle loi sape le droit fondamental de l'entreprise de tenter de poursuivre ses opérations, même en temps de grève, au même titre que les travailleurs ont le droit strict d'offrir leurs services à d'autres entreprises durant une grève. Ce droit fondamental de l'entreprise a été clairement confirmé dans certains rapports d'équipes spécialisées en relations du travail, dont le rapport Woods.

(4) La Formule Rand, du nom de l'honorable juge Ivan Rand de la Cour suprême du Canada, est une cotisation syndicale obligatoire que doit payer un salarié couvert par une unité de négociation, qu'il fasse partie ou non du syndicat.

L'employeur est obligé de prélever à la source cette cotisation syndicale et de la verser au syndicat.

La Formule Rand est passée à l'histoire à la suite de la décision du juge Rand du 20 décembre 1945. Elle fait partie du Code du travail du Québec depuis 1977!

[**] SAUVÉ, Robert, juge à la Cour du Québec au Congrès du département des relations industrielles de l'Université Laval, mai 1994.

(5) *Bâtir le Québec I* est un document gouvernemental de 523 pages, identifié principalement au ministre d'État au Développement économique du Québec, M. Bernard Landry, et publié en 1978.

On y indique notamment que le secteur privé constitue le principal moteur de l'économie québécoise, à qui d'ailleurs il incombe d'assurer un développement économique suffisant.

L'État demeure cependant un important levier de développement économique dont le rôle, axé sur l'action concertée, est d'assurer la coordination des différents agents de la vie collective.

Bâtir le Québec II, publié en 1982, toujours sous la direction de M. Bernard Landry, permet au gouvernement de réitérer son adhésion au principe de la concertation, tout en expliquant qu'il faut miser sur l'introduction et le développement des nouvelles technologies pour permettre au Québec de sortir de la crise économique.[***]

(6) **Question référendaire de 1980 :**
«Le gouvernement du Québec a fait connaître sa proposition d'en arriver, avec le reste du Canada, à une nouvelle entente fondée sur le principe de l'égalité des peuples; cette entente permettrait au Québec d'acquérir le pouvoir exclusif de faire ses lois, de percevoir ses impôts et d'établir ses relations extérieures, ce qui est la souveraineté et, en même temps, de maintenir avec le Canada une association économique comportant l'utilisation de la même monnaie; aucun changement de statut politique résultant de ces négociations ne sera réalisé sans l'accord de la population lors d'un autre référendum; en conséquence, accordez-vous au gouvernement du Québec le mandat de négocier l'entente proposée entre le Québec et le Canada?»

[***] Source : *Bilan du siècle*, Université de Sherbrooke, 1978 et 1982.

(7) Liste exhaustive des bulletins spéciaux publiés par le CPQ à l'occasion du référendum de 1980 :

7.1 La souveraineté-association : à quel prix?

7.2 Le traité d'association économique entre le Canada et le Québec : une utopie.

7.3 L'union monétaire Canada-Québec? Irréalisable!

7.4 Un Québec indépendant ne pourrait se suffire en énergie.

7.5 Protectionnisme agricole et politique tarifaire commune: deux propositions qui ne vont pas ensemble.

7.6 Quelles seraient les frontières d'un Québec souverain?

7.7 Le Québec est riche des richesses naturelles canadiennes.

7.8 Un Québec souverain entraînerait un lourd fardeau fiscal.

7.9 Le CPQ et le sens de la question référendaire.

(8) L'Accord du lac Meech fut négocié par Brian Mulroney, premier ministre du Canada, et les premiers ministres provinciaux près du lac Meech, sur les collines de la Gatineau, le 30 avril 1987.

L'Accord proposait essentiellement cinq modifications à la Constitution canadienne et reconnaissait les demandes dites minimales du Québec. [****]

8.1 Une reconnaissance du Québec comme société distincte et l'existence des faits français et anglais;

[****] Source : Wikipédia.

8.2 Le Québec et les autres provinces disposeraient d'un droit de veto à l'égard de certains amendements importants à la Constitution;

8.3 Le droit de retrait d'une province, avec compensation, de tout programme initié par le gouvernement fédéral dans un domaine de compétence provinciale;

8.4 Une reconnaissance accrue des pouvoirs provinciaux en immigration;

8.5 Les trois juges québécois de la Cour suprême du Canada seraient nommés par le gouvernement fédéral sur proposition du gouvernement du Québec.

Parce que l'Accord devait changer la formule d'amendement de la Constitution canadienne, il fallait le consentement unanime de tous les parlements provinciaux et fédéral pour sa ratification, au plus tard trois ans après l'adoption de l'Accord. Il a finalement été signé par huit provinces ainsi que par le Parlement du Canada. Par contre, un député de la législature manitobaine, Elijah Harper, a utilisé tout son pouvoir en retardant l'adoption de l'Accord. Loin d'en vouloir au Québec, le député autochtone dénonçait simplement le manque de clauses favorables aux autochtones dans la nouvelle entente constitutionnelle. Voyant que le Manitoba ne pourrait l'adopter à temps, l'Assemblée législative de Terre-Neuve (sous la gouverne de Clyde Wells) a également abandonné tout débat sur l'Accord.

Ainsi s'est défait l'Accord du lac Meech. Une nouvelle entente constitutionnelle a suivi, l'Accord de Charlottetown, mais elle fut refusée tant par les Québécois que par les autres Canadiens.

(9) La Commission Bélanger-Campeau, du nom de M. Michel Bélanger, fédéraliste, et de M. Jean Campeau, bien connu pour ses

allégeances péquistes, a été mise sur pied par le premier ministre Robert Bourassa, en 1990, dans la foulée de l'échec de l'Accord du lac Meech. Le mandat de la Commission était essentiellement de revoir le statut constitutionnel et politique du Québec et de faire des recommandations au premier ministre.

Le rapport fut publié en 1991, sous la direction de M. Henri-Paul Rousseau, le secrétaire général de la Commission. Il concluait pour l'essentiel : «Que le Canada fasse aux Québécois des offres constitutionnelles qui seraient acceptées ou refusées, par référendum. Advenant le rejet des offres, il y aura un référendum sur la souveraineté du Québec.»

Les offres d'Ottawa (l'Accord de Charlottetown) ayant été refusées par les Québécois, il y eut référendum sur la souveraineté du Québec en 1995. Les Québécois votèrent OUI à 49,41 %, NON à 50,59 %.

(10) La Société québécoise de développement de la main-d'œuvre (SQDM), mise sur pied en 1992, avait pour mission de soutenir et et de promouvoir le développement de la main-d'œuvre et de favoriser l'équilibre entre l'offre et la demande de main-d'œuvre sur le marché du travail et de l'emploi au Québec.

La SQDM fut remplacée, en 1997, par la Commission des partenaires du marché du travail (CPMT).

(11) Est-ce que 50 % + 1 est suffisant pour décider de l'indépendance du Québec?

Plusieurs sondages CROP-CPQ faits auprès de la population québécoise expriment que les Québécois sont en désaccord avec la thèse du 50 % + 1. Même les souverainistes ayant participé à ces sondages pensent qu'il faudrait que 61 % des Québécois soient favorables à l'indépendance pour la réaliser, un résultat inférieur d'à peu près quatre points seulement à l'opinion de l'ensemble de la population.

(12) **Question référendaire de 1995 :**
«Acceptez-vous que le Québec devienne souverain, après avoir offert formellement au Canada un nouveau partenariat économique et politique, dans le cadre du projet de loi sur l'avenir du Québec et de l'entente du 12 juin?»

(13) L'équité salariale réfère au droit des personnes qui occupent un emploi à prédominance féminine (aussi appelé emploi féminin ou emploi traditionnellement occupé par des femmes) de recevoir une rémunération égale à celle obtenue par les personnes qui occupent un emploi à prédominance masculine (aussi appelé emploi masculin ou emploi traditionnellement occupé par des hommes) équivalent, c'est-à-dire de même valeur[*****].

Le principe de l'équité salariale va plus loin que celui stipulant «un salaire égal pour un travail égal», puisqu'il exige «un salaire égal pour un travail différent, mais équivalent».

(14) Le Sommet sur l'économie et l'emploi d'octobre 1996 avait pour objectif de s'entendre sur un certain nombre de constats, d'établir des consensus sur des mesures concrètes à prendre pour résoudre le problème des finances publiques, créer de l'emploi et réduire le chômage. Il était présidé par le premier ministre Lucien Bouchard.

Une cinquantaine de personnes de différents milieux ont participé à l'exercice, incluant des membres du gouvernement et de l'opposition officielle[******].

[*****] Source : site Internet de la Commission de l'équité salariale, 25 octobre 2007.
[******] Gouvernement du Québec, Secrétariat du Sommet. *La synthèse des faits saillants*, 8 novembre 1995.

INDEX DES PERSONNES CITÉES

INDEX DES ACRONYMES

CSQ   Centrale des syndicats du Québec
CSST   Commission de la santé et de la sécurité du travail
FCCQ   Fédération des chambres de commerce du Québec
FCEI   Fédération canadienne de l'entreprise indépendante
FLQ   Front de libération du Québec
FTQ   Fédération des travailleurs et travailleuses du Québec
GM   General Motors du Canada
LAT   Loi sur les accidents du travail
LSST   Loi sur la santé et la sécurité du travail
MBOT   Montreal Board of Trade
MEQ   Manufacturiers et Exportateurs du Québec
OLF   Office de la langue française
PLC   Parti libéral du Canada
PLQ   Parti libéral du Québec
PME   Petites et moyennes entreprises
PQ   Parti québécois
REA   Régime d'épargne-actions
RVE   Rendez-vous économiques du secteur privé (organisés
         par le CPQ)
SAAQ   Société d'assurance automobile du Québec
SAQ   Société des alcools du Québec
SGF   Société générale de financement du Québec
SQDM   Société québécoise de développement de la main-d'œuvre
UN   Union nationale
UPA   Union des producteurs agricoles

BIBLIOGRAPHIE

BESSETTE, Jean-Pierre. *Jugement du juge en chef adjoint*, Cour municipale de la Ville de Montréal, 1998.

BOIVIN, Dominique. *Le lobbying ou le pouvoir des groupes de pression*, Montréal, Éditions du Méridien, 1987.

COMMISSION DE L'ÉQUITÉ SALARIALE. Site Internet (en ligne).

CONSEIL DU PATRONAT DU QUÉBEC. *Des profits oui! Mais pour qui?*, Montréal, Éditions du Jour, 1976.

CONSEIL DU PATRONAT DU QUÉBEC. *Index chronologique des principales prises de position du CPQ*, Montréal, 1969-1998.

CONSEIL DU PATRONAT DU QUÉBEC. *La souveraineté-association : à quel prix?*, Montréal, 1980.

DION, Gérard. *Lettre ouverte au ministre du Travail*, Journal *Le Devoir*, Montréal, automne 1977.

DUFOUR, Ghislain. *Ghislain Dufour témoigne des 30 ans du CPQ*, Montréal, Les Éditions Transcontinental, 2000.

FRASER, Graham, *Le Parti québécois*, Montréal, Éditions Libre Expression, 1984.

GOUVERNEMENT DU QUÉBEC, Assemblée nationale, *Informations historiques 1969-1998*, Québec, Site Internet (en ligne).

GOUVERNEMENT DU QUÉBEC. Assemblée nationale, *Journal des débats*, Québec, 27 mars 1991.

GOUVERNEMENT DU QUÉBEC, Assemblée nationale. *Rapport de la Commission Bélanger-Campeau*, Québec, 1991.

GOUVERNEMENT DU QUÉBEC, Secrétariat du Sommet. *Synthèse des faits saillants*, Québec, 1995.

GUAY, Jean Herman. *Le patronat québécois.* La nouvelle alliance, article paru dans *L'année politique au Québec 1995-1996*, Université de Sherbrooke (en ligne), 1996.

HÉBERT, Martine. *Les secrets du lobbying ou l'art de bien se faire comprendre du gouvernement*, Montréal, Éditions Varia, 2003.

LA PRESSE, Montréal, 29 avril 1977, 12 novembre 1986, 18 mars 1994, 23 octobre 1999, 26 novembre 2008.

LE DEVOIR, Montréal, 18 février 1978, 6 septembre 1985, 20 juillet 1987, 16 septembre 1993, 12 juin 2008.

LE JOURNAL DE MONTRÉAL, Montréal, 16 janvier 1985.

Le JOURNAL DE QUÉBEC, Québec, 18 août 1987.

LE SOLEIL, Québec, 25 octobre 1997.

PORTAIL DU GOUVERNEMENT DU QUÉBEC, Site Internet, (en ligne)

SAUVÉ, Robert. Rapport du Congrès du département des relations industrielles, Université Laval, Québec, 1994.

UNIVERSITÉ DE SHERBROOKE. *Bilan du siècle*, (en ligne), 1978 et 1982.

VASTEL, Michel. *Lucien Bouchard : en attendant la suite*, Outremont, Lanctôt Éditeur, 1996.

WIKIPÉDIA — sur une quantité de sujets, avec les réserves habituelles, (en ligne), 1969-1998.

CRÉDITS PHOTOS

Page	Sujet de la photo	Crédit
108	Les sept premiers ministres du Québec, de 1969 à 1998	Site Internet de l'Assemblée nationale du Québec
129	MM. Ghislain Dufour et Robert Bourassa	Direction des communications, Gouvernement du Québec
129	MM. Ghislain Dufour et René Lévesque	*The Globe & Mail*, 10 mars 1979
130	MM. Ghislain Dufour et Pierre Marc Johnson	*Le Devoir*, 6 septembre 1985, la Presse canadienne (PC)
130	MM. Ghislain Dufour et Daniel Johnson (fils)	Denis Bernier
131	MM. Ghislain Dufour et Jacques Parizeau	*Le Soleil*, 9 octobre 1991
131	MM. Ghislain Dufour et Lucien Bouchard	Clément Allard, secrétariat de l'Ordre national du Québec.
168	MM. Ghislain Dufour et Louise Harel	Denis Bernier, 1996
168	MM. Ghislain Dufour et Jean Campeau	*La Presse*, 11 novembre 1990

169   MM. Ghislain Dufour, Claude Ryan et Jim Hewitt — Drummond Jacquôt ,1996

169   MM. Ghislain Dufour, Clément Godbout et Richard Le Hir — Photo CP, *La Presse*, le 12 avril 1991

170   MM. Ghislain Dufour, André Tranchemontagne et Gérald Tremblay — Archives du CPQ, 1993

170   MM. Ghislain Dufour, John Ciaccia et Gilles Loiselle — AGENZIA DUFOTO, Rome

171   M. Ghislain Dufour et Mme Monique Gagnon-Tremblay — Raymond Bouchard, *Journal de Montréal*, 15 octobre 1987

171   M. Paul Gobeil — Denis Bernier, 1994

172   MM. Ghislain Dufour, Daniel Johnson (fils) Gérald Ponton, Gérald Larose et Mme Loraine Pagé — Jacques Nadeau, *Le Devoir*, 2 novembre 1996

172   MM. Ghislain Dufour et Gil Rémillard — Laserphoto PC, *La Presse*, 15 décembre 1989

173   MM. Ghislain Dufour et Yves Séguin — Pierre Côté, *La Presse*, 4 novembre 1989

173   MM. Ghislain Dufour et Bernard Landry — Denis Bernier, 1996

174   MM. Ghislain Dufour, René Lévesque et Pierre Des Marais II — *Canadian Press*, 1977

174	M. Ghislain Dufour et Louise Robic	Jacquôt Imalux, 1988
175	MM. Ghislain Dufour, Guy Saint-Pierre et Jim Hewitt	Drummond Jacquôt
175	MM. Ghislain Dufour, Denis Beauregard et Mme Pauline Marois	Denis Bernier, juin 1997
176	MM. Ghislain Dufour, Pierre Marc Johnson et Guy Laflamme	Denis Duquette, printemps 1993
176	MM. Ghislain Dufour Robert Bourassa et Sébastien Allard	Jacques Grenier, *Le Devoir*, 29 avril 1986
177	MM. Ghislain Dufour et Lucien Bouchard	Denis Bernier, 1er avril 1997
Page verso du volume	Ghislain Dufour	Magazine Entreprendre, volume 21, numéro 2, 2009